丁永培 에세이集

# 儉 而 不 陋
검 이 불 루

# 華 而 不 侈
화 이 불 치

검소하지만 누추하지 않게 하고
화려하지만 사치스럽지 않게 하라

전남대학교출판문화원

丁永培 에세이集

# 눈 속에 봄을 기다리며

어찌 모든 사람을 기쁘게 할 수 있으랴

단지 나의 마음에 부끄럼 없기를 바랄뿐이다.

(豈得每人悅之 但求 無愧我心)

# 서언

아침에 일찍 일어나는 것만으로도 건강에 좋다고 한다.(早早益善) 일찍 일어나면 그냥 앉아 있지만 않고 무엇을 하며 움직이기 때문이다. 창문을 열어 방안 공기를 바꾸고, 상쾌한 공기를 마시며 뜰도 쓸고, 마실도 돌고, 논밭을 둘러보기도 한다.

나는 아무리 늦게 잠자리에 들어도 아침이면 꼭 그 시간에 일어난다. 내가 지금 평상(平常)의 건강을 유지하며 사는 것은 전적으로 그런 이유 때문일 것이다. 게다가 1시간여 동안 공원 트랙을 돌다 돌아오면 그것으로 그날을 살 에너지를 얻는다. 평생을 그렇게 하며 사는지라 산수(傘壽)의 고비를 넘겼는데도 지금의 건강을 유지하며 산다.

며칠 전에 종합검진을 받았다. 연말이 되면 밀리니 그러기 전에 받으러 오라는 성화가 대단했다. 건강검진을 받는 일은 좀 힘들기는 해도 잠시면 끝난다. 그러나 그 결과가 잘못 나오면 어떻게 할까 하는 걱정 때문에 병원에 가기를 싫어한다. 더 이상 미룰 수 없을 때까지 미루다가 마침내 결행을 한다. 이 세상에 병원보다 더 좋은 곳이 없는데도, 병원에 가기를 싫어하는 것은 전적으로 그런 이유 때문일 것이다.

정확한 결과는 아직 알 수가 없으나, 중간 중간에 의사들이 한 말을 들어보면 아직은 죽을병의 증상은 없는 것 같다. 산 김에 조금만 더 살다가 고종명(考終命)의 축복이나 누렸으면 한다. 너무 오래 살면 여러 사람들에게 욕(辱)이 되는지라(壽則多辱), 좀 아쉽다고 느껴질 때 가면 좋으련만 그걸 어찌 맘대로 하겠는가.

호추불고(戶樞不蠹)라는 말이 있다. 문지방을 자주 드나들면 좀이 먹지 않는다는 뜻이다. 문지방이 닳도록 부지런히 들락거리면 몸에 힘을 얻어 살지만, 힘들다 하여 방안에만 누워 있으면 몸은 날로 굳어진다. 다동(多動)을 건강의 본(本)으로 삼으라 함도 그래서 하는 말이다.

가족들이 싫어한다고 느껴지면 그 외로움이 클 터인즉 가족들에게 잘해야 한다. 자식들에게 손을 내밀기 시작하면 그들이 귀찮게 여길 터인즉 그런 일이 없도록 미리 잘 대비를 해야 한다.

100세를 천수(天壽)라고도 한다. 하늘이 점지한 나이라는 뜻이다. 하늘이 점지한 자가 아니면 결코 100세를 살 수가 없다는 뜻이다. 마음이 나쁜 사람에게까지 하늘이 어찌 은전을 베풀어 살게 하며, 부모에게 불효하고 아내와 남편에게 잘하지 못하는 자에게까지 하늘이 어찌 100세의 수를 점지하여 주겠는가.

아무리 100세 시대라고는 해도 100세의 수를 누리는 사람은 아직은 그렇게 많지가 않다. 100세에 훨씬 못 미치는 수를 살고 간다고 해도, 이것이 나의 정명(定命)이려니 생각하면 마음이 편하여 좋을 것이다. 지금까지 산 것에 감사하고 갈 때가 되면 서슴없이 자기 몸을 내놓아 갈 채비를 해야 한다.

세상이 어찌나 빠르게 변하던지 세상의 변화를 모르고 살다간 큰일이 일어난다. 수탉만이 새벽을 맡아 홰를 치며 운다고 생각해서는 안 된다. 이제는 암탉이 새벽을 주관하여 세상을 깨우치는 세상이 되었다. 옛날에는 암탉이 새벽에 울면 집이 비색(否塞)하여 운수가 막힌다고 했지만(牝鷄司晨 惟家之索) 이미 옛날이야기가 되었다.

여권신장(女權伸張)이 하늘에 치닫고 있는데, 옛날 생각을 하며 살다간 무슨 그런 허몽(虛夢)을 좇고 있느냐고 할 것이다. 지금이 어느 때라고 그런 꽉 막힌 소리를 하느냐고 달려들면 영락없이 당한다.

존경을 받고자 하면 먼저 겸손하라 하였다.(欲尊先謙) 부부간이 아무리 허물없는 사이라 해도 무례히 행해서는 안 되고, 자기의 유익(有益)만을 구하며 살다간 좋은 대접을 받지 못한다. 꽃은 피어 있을 때가 아름답고, 우리의 삶은 서로의 관계가 잘 유지될 때 아름답다.

2007년도에 전국의 대학 교수단이 선정한 글귀 중에 자기기인(自欺欺人)이라는 말이 있다. 자기에게 거짓말을 하면 다른 사람에게도 거짓말을 한다는 뜻이다. 가정과 세상을 바로 세우는 데는 정직보다 더 좋은 방책이 없다. 정직하지 못한 사람은 무슨 일이든 맡을 생각을 해서는 안 된다. 내가 정직하면 사악한 것이 제아무리 크다 해도 나를 뚫고 들어오지 못한다.(邪不犯正)

가정보다 더 소중하고 아름다운 곳은 없다. 가정이 아름다운 것은 그 속에 가족이 살고 있기 때문이요, 가족이 아름다운 것은 그들이 서로 사랑하며 살기 때문이다. 가족이 서로 사랑하며 살지 못하면, 가정보다 더 살기 불편한 곳은 없다. 가정이 불행한 사람은 제아무리 높은 자리에 있다 해도 불행한 사람이다. 좋은 가정을 남기고 가는 것보다 더 잘하는 일은 없다.

지난번에 냈던 책을 마지막으로 하겠다는 약속을 했다. 한동안 글쓰기를 중지하고 살아보니 무료(無聊)하여 견딜 수가 없었다. 무료가 길어지면 다른 탈이 붙을 것도 같아 다시 붓을 들었다. 아무리 생각해봐도 글 쓰는 시간은 행복한 시간이고 우선은 마음이 편하여 좋다. 세상의 온갖 번우(煩憂)한 일들이 감히 덤비지 못하기 때문이다.

겉으로는 아무 거리낌 없이 사는 것 같아도 다들 어려움이 있다. 어려움 없이 사는 사람은 이 세상에 없다. 우리의 생활은 어려움의 연속이지만 어려움이 평생 계속되는 것은 아니다. 조금만 잘하면 기다렸다는 듯이 행복의 서운(瑞運)이 어려움을 밀치고 들어온다.

남에게 뒤졌다 하여 조급해 하지 말고, 남보다 앞섰다 하여 자만해서도 안 된다. 눈 속에서 봄을 기다리듯 차분한 마음으로 기다리며 살아야 한다.(雪中待春) 어려움 속에서 희망을 볼 수 있어야 하고, 어렵다 하여 비관해서는 안 되고, 포기해서는 더군다나 안 된다. 왜냐하면 포기는 영원한 단절이기 때문이다. 인생을 살되 유유자적(悠悠自適) 여유와 기다림 속에서 살아야 한다.

용(龍)의 몸통은 그렸지만 용의 눈은 미처 그리지 못한 그런 그림에 마지막으로 눈을 그려 넣었더니, 용이 하늘로 비천(飛天)했다는 고사가 있다. 이 고사를 화룡점정(畵龍點睛)이라고 한다. 나의 이번 책이 마지막으로 그린 화룡점정의 눈이 되었으면 한다. 그러나 비천을 기대하는 것은 부질없는 허영이고 그저 싫지 않게 읽히는 책이 되었으면 한다.

붓끝을 한 번 휘둘러 글을 완성하는 일필휘지(一筆揮之)의 문재(文才)로 글을 쓴 것이 아니고, 여러 차례의 퇴고(推敲)의 과정은 거쳐 썼는데도 글답지가 않아 막히는 데가 많다. 행운유수(行雲流水)처럼 유려(流麗)하게 써야 하는데도 그 길에서 아직도 멀다. 내 책에는 한문 글귀가 많아 읽기가 좀 난삽(難澁)하다. 하루에 다 읽을 생각을 해서는 안 되고, 한 편이라도 좋으니, 사전이나 옥편을 찾아가며 읽으면 일거다득(一擧多得)의 좋은 독서가 될 것이다. 애독자 여러분의 행복과 건승을 빌고, 현재를 늘 젊게 유지하며 살기를 기원하며 이만 줄인다.

이 책을 만드는데 김 창권 박 은경 부부와 안 명자 내자에게 깊은 감사의 말씀을 전한다.

저자 백

## 제1부

### 새는 꽃 속의 나비를 쫓는다(鳥逐花間蝶)
### 닭은 풀 속의 벌레를 쫓는데 바쁘다(鷄爭草中蟲)



## 제2부

### 바람으로 머리를 빗고 빗물로 목욕을 한다(櫛風沐雨)

## 제 3 부

## 뿌리가 깊어야 빨아들인 수액이 가지에까지 이른다 (深根達枝)



## 제 4 부

## 물이 차니 배가 뜬다(水到船浮)

## 제 5 부

### 높은 자리에 있을 때 교만하지 말고, 높이 있을 때 위험하지 않게 하라(在上不驕 高而不危)



## 제 6 부

### 봄에 밭을 갈지 않으면 가을에 거둘 소망이 없어진다(春若不耕 秋無所望)

## 제7부

## 천하의 진미를 골라 먹으면 늙지 않고 늘 청춘이다
(天下珍味 不老長春)

# 제1부

## 鳥逐花間蝶
(조 축 화 간 접)

**새는 꽃 속의 나비를 쫓는다**

나비는 꽃 속의 당밀을 빨기에 바쁜데, 그 사이에 새는
나비를 쫓아 바삐 움직인다.

## 鷄爭草中蟲
(계 쟁 초 중 충)

**닭은 풀 속의 벌레를 쫓는데 바쁘다**

이슬을 먹으려는 매미는 그 뒤에 사마귀가 있는 줄을 모르고, 사마귀는 그 뒤에 황작(黃雀)이 있는 줄을 모른다.

(눈앞의 욕심에만 눈이 어두우면 마침내 큰 화를 입는다.)

이 고사를 당랑재후(螳螂在後)라고 한다. 당랑은 사마귀를 말하고, 당랑재후란 사마귀가 뒤에 있다는 뜻이다.

## 춘풍추우(春風秋雨)

춘풍추우란 봄바람과 가을비란 뜻으로 지나간 세월을 말한다. 그가 태어난 지 20년이 되었다고 하면 춘풍추우 20년이라고 하면 되고, 나처럼 80성상(星霜)을 지낸 사람은 춘풍추우 80년을 지냈다고 하면 된다.

그렇게 많은 봄을 맞아 살았지만, 어느 봄이 좋았는지는 기억이 없다. 오면 오는가 보다 하고, 가면 가는가 보다 했다. 봄바람은 마음을 설레게 하지만 어느 봄이 그랬는지는 기억이 없고, 3월 춘풍에 화향(花香)이 하늘까지 차지만, 그런 봄도 무심코 맞이하고 무심코 보냈다. 그러기를 계속했으니 80여성상을 일률(一律)로 보냈던 것 같다.

해마다 꽃은 같은 꽃으로 피지만(年年歲歲 花相似), 사람은 같은 사람이 아니다.(年年歲歲 人不同) 만상(萬象)은 일률로 오고 가지만 사람만 해마다 변하여 같은 사람이 아니다.

청춘은 언제 갔는지 알 길이 없고, 백발은 언제 왔는지 알 길이 없다. 나도 모르는 사이에 온갖 것이 오고 갔다.

봄인듯하다가 여름이 오고, 여름인듯하다가 가을이 왔다. 가을은 쓸쓸한데 추우(秋雨)가 내리면 더 쓸쓸하다. 가을인 줄 알고 살다가 추워지면 겨울인가 한다. 80평생 이상을 이렇게 살다가 이제야 철이 들었는지, 지나간 세월을 돌아보며 이렇게 글을 쓴다. 좀 더 유심(留心)했더라면 계절을 더 깊이 완상(玩賞)하며 살았을 것이다.

사는 것이 무엇인지, 그저 먹고 사는 일에 바쁘다 보니, 좋은 것이 좋은 것인 줄 모르고 살았다. 몸만 아프지 않고 살면, 사는 것이라는 생각만으로 살다가 어느덧 인생 말년을 맞이했다. 돌부리에 부딪혀도 넘어지고, 발을 한 번 잘못 디뎌도 천 길의 단애(斷崖)에 떨어지는데, 지금껏 아무 탈 없이 살았으니 천우신조(天佑神助)가 컸다.

빈방에 홀로 앉으면 외로움이 뼛속까지 스민다. 밖에서는 가을비가 세차게 내리고 바람도 세차게 분다. 벌레들은 제철이 왔다며 울음으로 밤을 지새운다. 이러다가 조금 더 있으면 겨울이 오고, 겨울이 지나면 봄이 온다.

춘풍추우를 거듭하며 살다가 무심한 시간에 거울 앞에 서니, 머리 위에 내려앉은 백설이 삼 장(三丈)이나 되고, 몸은 온 곳이 비틀어져 탄탄한 곳이라고는 한 군데도 없다.

세월은 무정하고 인생은 일장춘몽(一場春夢)이다. 아무리 그래도 인생은 아름답다. 인생이 아름다운 것은 가정이 있기 때문이요, 가정이 아름다운 것은 그 속에 가족이 살고 있기 때문이다. 가족이 아름다운 것은 서로 믿고 의지하며 살고, 서로 싸우면서도 더 가까워질 수 있기 때문이다.

인생의 길은 왕복표가 예약되는 길이 아니다. 가는 길만 있고 오는 길은 없다. 가는 길도 영원히 갈 수 있는 길이 아니다. 때가 되면 내려놓아야 할 길이다. 그래서 다른 것은 길어도 인생의 길은 짧다 하였다. 서둘러 일하지 않으면 내놓을 것이 별로 없다.

독일의 시인 하이네는 아름다운 인생을 이렇게 노래했다. "세상은 아름답고 하늘은 푸르고 / 산들바람 고요히 불어오며 / 들판의 꽃들은 손을 흔들고 / 아침 이슬에 반짝이누나 / 어느 곳을 보아도 웃는 사람의 얼굴 …"

우리의 생활 속에 인생이 있다. 하늘에 떠가는 구름 속에는 인생이 없다. 구름 속을 아무리 들여다보아도 인생은 없다. 하는 일을 붙들고 몸부림치고, 아무리 힘들어도 가던 길을 놓치지 않고 가면 그 속에 인생이 있다. 길이 어둡고 험해도 가기를 계속하고, 그 길이 나를 고통스럽게 해도 멈춰서는 안 된다. 가물거리는 희망의 빛을 찾아 하루하루 힘차게 나아가는 데에 인생이 있다.

과거는 흘려보낸 시간이지만 우리는 그 속을 헤치며 걸어왔다. 과거에서 배우지 못하는 자는 미래가 없다. 과거를 잊지 않고 사는 것은 미래를 바르게 살려는 것이요, 전쟁을 잊지 않고 사는 것은 평화를 찾아 살려는 것이다.

춘풍추우는 지나간 세월을 말하는 것이지만, 지나갔다 하여 버리면 미래가 없다. 시간만큼 사람을 단단하게 만드는 것은 없다. 노인들은 과거를 많이 산 사람들이고 몸은 늙었지만, 마음은 단단한 사람들이다. 그들이 오랜 기간 동안 쌓아온 경륜(經綸)은 우리의 바른 길잡이가 된다.

천하의 노인들이여! 늙었다 하여 늘 과거에만 매여 있어서는 안 된다. 늙었다 하여 늙은이 행세를 해서는 안 되고, 늙었다 하여 늘 죽음의 그늘 속에 살아서는 안 된다. 피카소는 90세가 훨씬 넘어서도 대작의 그림을 그렸다.

어지간한 길은 걸어서 가고, 당당한 보폭(步幅)으로 허리를 세워서 걸으라. 젊은이들과 어울려 이야기를 하고 노래를 불러라. 이가 빠져 소리가 헛새어도 당당하게 말하라. 머리가 다 빠져 어린이처럼 민둥해도 모자를 쓰면 해가림이 되고, 한겨울의 모진 추위도 막아낸다.

나이가 들어 제일 무서워하는 것은 죽음이다. 두려워해도 아무 소용이 없고, 불안해해도 아무 소용이 없다. 달도 차면 기울고, 해가 지면 어둠이 오지 않던가. 어차피 올 것은 꼭 오는구나 하라. 인생은 일생일사(一生一死)가 아닌가. 인간의 유한성은 인간의 숙명이다.

이 정도 살다 가는 것에 감사하라. 제 몫을 다 살다 간다고 생각하면 마음이 편해 좋을 것이다. 짧으면 짧은 대로 길면 긴 대로 감사하게 생각하라.

춘풍추우의 지나간 긴 세월, 취생몽사(醉生夢死) 무위도식(無爲徒食)하지 않고, 분골쇄신(粉骨碎身) 열심히 살다 가는 것에 감사하라. 그간 가족들과 하나가 되어 오순도순 재미있게 살다가는 것에 감사하며 이만 줄인다.

## 명불허전(名不虛傳)

어떤 사람이 큰 명예를 누리고 산다면, 그럴만한 이유가 있어서 그러는 것이다. 아무런 근거도 없이 그러는 것은 아니다. 이런 것을 일러 명불허전이라고 한다.

어떤 사람이 굶지 않고 배부르게 먹고 산다면, 다 그럴만한 이유가 있어서 그러는 것이다. 무위도식(無爲徒食)을 일삼는 자에게까지 그런 호운을 누리게 하지는 않는다.

바르고 정직하게 살면 마음에 평정을 얻어 살고, 위정자(爲政者)가 위정에 힘쓰면 백성들이 살기에 편하다. 하는 일에 정성을 다하지 않으면 일이 잘 되지 않고, 정치하는 분이 재물 모으기에 혈안이 되면, 백성들은 도탄(塗炭)에 빠진다.

서로에게 무례히 행하면 버릇이 없다 하여 싫어하고, 자기의 유익만을 구하면 이기(利己)에 밝다 하여 싫어한다. 사람이 서로 행하여야 할 도리를 갖추어 살면, 서로 간의 관계는 날로 좋아진다.

나도 외양으로는 편하게 산 것 같이 보이지만, 고생을 많이 하며 살았다. 그간의 모진 풍상우(風霜雨)에 맞서 싸우면서 가정을 잘 지키고 건강을 유지하며 살았다. 그리고 졸문(拙文)이지만 글도 써서 세상에 내놓았다. 세상 모든 일은 그냥 되는 것은 아니고, 다 그럴만한 이유가 있어서 그러는 것이다.

모든 일은 잘하면 영광을 얻지만, 잘못하면 세상을 어지럽힌다. 선한 자는 선행으로 세상을 빛내지만, 악한 자는 악행으로 세상을 어지럽힌다. 위정자는 선정(善政)으로 나라를 태평케 하지만, 악정자는 가렴주구(苛斂誅求)를 일삼아 백성을 굶주리게 한다.

예술을 하는 자가 세상의 명리(名利)에 밝으면 불후(不朽)의 작품을 내기가 어렵고, 옷이나 신발을 만드는 작은 일도 일심불란(一心不亂)으로 전념하지 않으면 그 일을 그르친다. 석수(石手)가 자기가 하는 일을 사랑하지 않으면, 돌 속에서 파내고자 하는 상(像)을 파낼 수가 없다.

명성은 살아생전에 이루고 가지만, 죽은 훗날에도 훈향(薰香)처럼 이어 번진다. 부유한 자는 재물을 베풀고 가고, 가난한 자는 다른 덕을 베풀어 세상을 빛낸다.

아무리 좋은 일도 이름이 너무 크게 나면 타락하기 쉽고, 나쁜 일로 이름이 크게 나면 후대를 욕되게 한다. 한 번 얻은 명성이 오래 가지 못하는 것은, 다른 허욕에 들떠 눈이 어두워지기 때문이다.

명성은 화려한 비단옷이나 금관을 쓰고 나타나지만, 그 명성을 오래 유지코자 하면, 오직 선과 덕을 닦아 유지해야 한다. 명성처럼 좋은 것도 없지만, 명성처럼 허망한 것도 없다.

명성은 얻기는 힘들지만, 잃기는 더욱 쉽다. 돈으로 사들인 명성은 오래 가지 못하고 쉬 허물어진다.

명성의 즐거움도 크지만, 명성 없이 소박하게 묻혀 사는 기쁨도 크다. 빛의 광채 속에서 사는 기쁨도 크지만, 열심히 땀 흘려 일하며 사는 기쁨은 더욱 크다.

언젠가 아들 집에 갔더니 초등학교에 다니는 손자 놈이 반장이 되었다고 자랑을 했다. 그렇게 기쁘냐고 했더니 그렇다고 했다. 반장을 어떻게 뽑느냐고 했더니, 소견발표를 하고 투표를 해서 뽑는다고 했다.

소견발표를 어떻게 하느냐고 물었더니, "친구들아, 나 찍어주면 우리 학급을 좋은 학급으로 만들겠다. 선생님 말씀 잘 듣고, 시끄럽지 않은 학급이 되게 하고, 숙제도 잘하고, 휴지도 버리지 않고, 친구들과 다정하게 지내고, 부모님 말씀도 잘 듣고 공부도 더 열심히 하는 학급이 되게 하겠다."는 등을 늘어놓았다.

들어보니 참 그럴 듯했다. 명예욕은 생래적(生來的)으로 타고나는 것 같다. 자리에 대한 욕심은 아이들이나 어른들이나 똑같다. 이 미혹의 덫에 걸려들면, 이를 뿌리칠 자는 아무도 없다. 명성은 그림자처럼 사람들의 뒤를 쫓아다닌다. 그 그림자에 잡히면 죽어가는 사람이 소생하듯 활기가 넘치고 희망이 넘친다.

명성의 희망이 보이기 시작하면, 심장의 고동은 빨라지고, 그 명성을 잡으려는 열정은 그와 그의 주변을 불태운다. 명성이 세상의 생각보다 앞서가면, 자기 주변이 망가지는 줄도 모른다. 정치가가 정치할 생각은 하지 않고 권력을 휘두를 생각만 하면, 정치의 현장은 피비린내 나는 살인현장이 된다.

권좌(權座)는 위하는 자리여야지 누리는 자리가 되어서는 안 된다. 권력은 백성을 위해서 써야 하고, 대의명분(大義名分)을 위해서 써야 한다.

잘하고 나오면 명성이 자자하지만, 잘못하고 나오면 질타는 추상같다. 잘못한 사람을 잘했다고 해서는 안 된다. 그야말로 명불허전이요 명불허득(名不虛得)이기 때문이다. 명성이 나는 것은 꼭 그럴만한 원인이 있어서 그러는 것이다.

백성들의 돌팔매질을 받고 내려와서는 안 된다. 백성들이 깔아주는 붉은 양탄자나 장미의 화로(花路)를 밟고 돌아와야 한다. 높은 자리는 무서운 자리요, 높은 자리일수록 떨어지는 소리가 요란하다. 그 소리가 어찌나 요란하던지 온 세상이 삽시에 시끄러워진다.

빈손으로 들어갔다가 빈손으로 나와야겠다는 약속이어야 하고, 그 약속은 금석맹약(金石盟約)이어야 한다. 아무렇게나 띄운 허약(虛約)이어서는 안 된다.

재물이나 권력에 눈이 어두우면 비극은 예고된 것이다. 재물을 구하지 말고 지혜를 구하라 하였다. 천하의 인재들을 불러모아 위정에 힘써야 한다. 그 일이 잘 될 때 그의 명성은 천추(千秋)에 빛날 명성이 된다.

군주민수(君舟民水)라는 말이 있다. 임금은 배요, 백성은 물이라는 뜻이다. 배는 물 위에 띄울 수는 있으나, 잘못하면 언제든지 그 배를 뒤집어엎을 수도 있다. 명심하지 않고 허랑(虛浪)한 생각을 하며 살다간 필연 비극을 맞는다. 회한(悔恨)의 눈물을 흘려야 아무 소용이 없고, 원망의 눈초리로 하늘을 쳐다봐도 흐르는 구름뿐이다. 구름은 그저 흐를 뿐 아무런 응답도 하지 않는다.

## 타산지석(他山之石)

타산지석이란 다른 산의 돌도 우리 집의 옥돌을 가는 데 유용하게 쓰인다는 뜻이다. 다른 사람의 하찮은 언행이나 비판도 오히려 나의 미덕을 쌓는 데 도움이 된다는 뜻이다.

단 하나의 결함도 없이 완벽하게 사는 사람은 드물다. 사람은 누구나 조금의 결함은 다 가지고 있다. 나도 그런 사람들 중의 한 사람이다. 세상을 오래 살았는데도 하는 일은 결함투성이이다. 늘 조심하여 산다고는 해도 해놓고 보면 후회되는 일이 많아 늘 뉘우치며 산다. 뉘우치며 사니까 망정이지 그렇지 않고 산다면, 이 세상처럼 살기 힘든 곳도 없을 것이다.

다른 사람들도 나와 같은 사람들이어서 잘못을 다반사로 저지르며 산다. 그들의 잘못을 나의 타산지석으로 삼으며 사니, 그런대로 세상은 살만한 세상이 된다. 다른 사람의 실패에서 배우고, 실패에서 사람은 겸소해진다. 서로의 잘못을 헐뜯기만을 일삼으면 불편하여 살 수가 없을 것이다.

반면교사(反面教師)라는 말이 있다. 다른 사람의 어떤 면(面)을 반면(反面)이라고 하고, 이런 면을 교사로 삼으면, 이에서 깨달음이나 가르침을 얻어 산다 하여 이를 반면교사라고 한다. 다른 사람에게 장점이 있으면 그 장점을 나의 반면교사로 삼으면, 나도 그 사람처럼 좋은 일을 하는 사람이 된다.

부모가 싸우기를 일삼으면 가족은 불화에 휩싸이고, 형제간이 우애도 못하고 살면, 형우제공(兄友弟恭)의 미풍도 사라져 가정은 살기 힘든 곳이 된다. 이 일을 반면교사로 삼아 온 가족이 서로 어울려 사는 길을 찾으면, 가정은 서로 화합하여 사는 좋은 가정이 된다.

아내의 잘못을 다 고치려고 해서는 안 되고, 남편의 잘못 또한 다 고치려고 해서도 안 된다. 며느리의 잘못을 기어코 고치려고 하거나, 시어머니의 잘못을 기어이 고쳐 살려고 하면, 서로 간에 큰 분란이 일어나 가정은 걷잡을 수 없는 소용돌이에 휘말린다. 아내의 잘못 또한 남편의 잘못을 고치는 데 거울삼으면 상호겸전(相互兼全)의 좋은 가정이 될 것이다.

트로이 목마라는 것이 있다.

고대 그리스의 '영웅 서사시'에는 그리스와 트로이라는 두 나라가 10년간 싸운 전쟁 이야기가 나온다. 세상에서 가장 아름다운 왕비를 트로이의 왕자에게 빼앗긴 스파르타의 왕이 그리스의 왕인 자기 형과 함께 아내를 되찾기 위해 트로이의 정복에 나섰다. 양국 사이에 10년 간 계속된 그 전쟁은 그리스의 한 장수의 계략으로 끝났다.

그리스군이 거대한 목마를 만들어 트로이까지 가지고 가서 트로이 성 밖에다 놔두고 갑자기 철군했다. 이에 속은 트로이군이 성문을 열고 나와 보니 목마가 있는 것을 발견하고, 그 목마를 성안으로 들여놓고 승리의 기쁨에 취한다. 그러나 새벽이 되자 목마 안에 숨어 있던 그리스의 한 병사가 몰래 목마 밖으로 빠져나와 성문을 열어 주니, 그때 대기하고 있었던 그리스군이 성안으로 물밀 듯이 들어가 트로이 성을 정복했다. 결국, 전쟁은 그리스의 승리로 끝났다.

이후부터 '트로이 목마'는 상대방의 허를 찌르는 위장전술을 가리키는 용어로 쓰이게 되었다. 특히 외부의 요인에 의해 내부가 무너지는 상황을 빗대어 말할 때 쓰이기도 한다.

이를 타산지석으로 귀감삼으면 이런 우(愚)를 범하지 않게 된다. 내우외환(內憂外患)은 예고하고 오는 것이 아니다. 부지불식간(不知不識間)에 밀려와 우리를 곤혹게 한다.

왕비를 잃은 불행은 드물게 보는 일이지만, 왕비가 미인이라면 그 단속은 국력을 기울여서라도 해야 한다. 그런 왕비를 타국의 왕자에게 빼앗겼다면, 두 나라 간에 전쟁이 일어나고도 남을 일이다. 그 전쟁이 10년간이나 계속된 것은 물러설 수 없는 양국 간의 자존심 싸움이었을 것이다. 트로이 목마가 아니었더라면 국력이 다 소진되어 기진맥진할 때까지 그 전쟁은 계속되었을 것이다. 타산지석으로 삼으면 이런 우는 범하지 않을 것이다.

남의 잘못을 따라 행하다간 나도 그 사람처럼 되어버린다. 그러지 않으려거든 남의 잘못을 통해 내가 깨우쳐 소생하는 계기가 되어야 한다. 먹에 가까이하면 먹이 묻기가 쉽다 하였다.(近墨者黑) 남의 잘못을 나의 반면교사로 삼아 살면 먹에 묻는 일이 없을 것이다.

전쟁이 끝난 뒤 왕비는 어떻게 되었는지는 모른다. 트로이가 전쟁에 패했으니 왕비는 그리스로 돌아갔으리라는 생각이 든다. 그러나 사실 그랬는지는 모른다.

늘 경계심을 가지고 그런 불행한 일이 일어나지 않도록 해야 한다. 타산지석으로 삼으면 우리를 경각(驚覺)케 하는 길이 될 것이다.

10년간 그쪽 왕자에게 정이 들어 그쪽으로 마음이 돌아섰다면, 그 어떤 큰 힘으로도 그녀의 마음을 돌이킬 수가 없었을 것이다. 10년간에 걸친 트로이 왕자의 설득에도 굽히지 않고, 그녀의 고절(高節)을 지키고 일편단심(一片丹心) 변함없이 살았는지는 알 길이 없다.

남의 산의 돌을 빼다가 우리 집의 옥돌을 갈아 좋은 옥기(玉器)를 만들 수 있으면 얼마나 좋은지 모른다. 남의 것이라 하여 타기(唾棄)할 일이 아니요, 남의 것도 집으로 가져와 내 것을 갈고 닦는 데 쓰면 내 것이 더욱 빛나는 것이 될 것이다.

사람은 혼자 사는 것이 아니요 여러 사람이 서로 어울려 배우며 산다. 아이에게서도 배우고 어른에게서도 배운다. 남의 악행에서도 배우고 선행에서도 배운다.

끝으로 잠시 숨길을 돌리고자 채근담(菜根譚)에 나와 있는 글귀를 권하니 잘 음미하기 바란다.

"내가 어떤 일을 행한 다음에 남이 아는 것을 두려워함은 아직 악 가운데 선을 향하는 길이 있음이요, 선을 행하고 나서 남이 빨리 알아주기를 바라는 것은 그 선 속에 악의 뿌리가 남아 있는 까닭이다."

반면교사는 악한 것에서 선을 찾아 전하고, 오만한 것에서 겸손을 찾아 전한다. 미움에서 사랑을 찾아 전하고, 갈등에서 화해를 찾아 전한다.

## 남자는 지고 여자는 이고(男負女戴)

옛날에는 무엇을 옮기려고 하면, 남자는 지고 여자는 이고 다녔다. 금석지감(今昔之感)을 느끼게 하는 말이다. 남부여대라는 말을 들을 때마다 옛날로 회귀(回歸)하는 것 같은 느낌이 든다.

옛날에는 지게라는 것이 있어서 거의 모든 것을 그것으로 운반했다. 논밭에서 거둔 곡식을 지게로 운반했고, 그 외 다른 것을 운반할 때도 지게로 운반했다. 지게보다 더 좋은 운반수단이 없을 만큼 지게는 그 당시를 석권한 좋은 운반수단이었다.

지금은 수돗물이 집안에까지 들어와 철철 넘치지만, 옛날에는 그러지 못했다. 동네 가운데 있는 공동우물에서 물을 길어다 먹어야 했다. 동이에 물을 채워 그 동이를 머리에 이고 가서 그 물을 이용했다.

머리가 그들의 유일한 운반수단이었는지라 어지간히 무거운 것은 다 머리로 운반할 수 있었다. 어렸을 때부터 단련이 잘 된 지라 머리 위에 올려놓기만 하면, 손을 대지 않아도 떨어질 위험은 거의 없었다. 그러고 보면 머리의 조절 능력은 초능력적이었다.

우리 집 부모님들은 분별력이 참 없으신 분들이셨다. 그때의 그런 적빈(赤貧) 속에서도 3남 6녀의 9남매를 낳아 기르셨다. 지금은 상상도 못 할 일이지만, 그 당시로는 그분들도 어쩌지 못해서 그랬을 것이다.

꼭 금실(琴瑟)이 좋아서 그랬던 것은 아니었을 것이다.

그런데 지금은 세상이 어찌나 변했던지 하나, 둘도 안 낳으려 하고, 심지어는 결혼까지도 하지 않으려는 세상이 되었다. 귀찮다 여겨지면, 아무리 좋은 것도 소용없는 세상이 되었고, 편한 것이 왕도가 되었다. 변해가는 세상의 추이(推移)를 감당할 수 없게 되었다.

위로 3남을 뽑았고 밑으로 6녀를 뽑았으니, 그 양반들의 덕택으로 9남매가 세상에 나와 살다가는 기쁨을 누렸다. 세상 살기가 아무리 힘들어도 부모님 원망은 해본 적이 없다. 이제라도 그 은혜를 갚아보려 하지만, 그 은혜 하늘처럼 높아 갚을 길이 없더라(欲報其恩 昊天罔極)는 글귀만이 뇌리에 스친다.

집은 초가삼간이었다. 한 칸은 방이었고, 다른 한 칸은 부엌이고, 나머지 한 칸은 광이었다. 어떻게 그 좁은 공간에서 9남매를 낳아 길렀는지 아득하기만 하다. 겨울에는 서로의 체온으로 엄동의 추위를 이겼고, 여름에는 모깃불에 의지한다고는 해도 모기에게 뜯기며 살았다. 지금의 생활과는 천양지차(天壤之差)를 느끼게 할 만큼 아득하게 느껴진다.

궁여지책으로 큰집에 가서도 자고, 동네 친구들 집에 끼어 들어가 잠을 잤다. 좁아도 좁은 줄을 모르고 살았고, 그 무서운 더위나 추위를 이겨내며 살았다. 논밭 몇 마지기로 그 많은 식구가 먹고살았으니, 먹는 것이 먹는 것이 아니었고, 입는 것이 입는 것이 아니었다.

그런 가운데서도 부모님의 교육에 대한 열정은 커서, 형님은 고등학교를 나와 면사무소에 들어갔고, 나와 동생은 고등학교에 이어 대학까지 졸업했다. 우리 집 형편이 그런지라 도시 학교로의 진학은 엄두도 낼 수가 없었고, 시골에서 고등학교를 마치고 대학은 광주에 있는 전남대학교까지 다니는 호운을 누렸다. 하석상대(下石上臺)라는 말이 있듯이, 아랫돌을 빼서 윗돌에 괴고, 윗돌을 빼서 아랫돌에 괴는, 그야말로 아버님의 변통 능력은 가히 천재적이었다.

대학교 4학년 때 시골의 모교에서 독일어를 가르쳐달라는 요청을 받아들여, 그곳에서 강의를 하게 된 것이 내가 교육성업에 종사하는 계기가 되었다. 그 후 승승장구하여 대학에서 강의를 하는 대 영광을 누리게 되었다.

동생도 같은 대학의 법대에 들어가 법학을 전공하고 나온지라 자기 전공에 맞게 경찰서장(총경)까지 하는 호운을 누렸다. 그 간에 얽힌 이야기가 많지만 이를 다 매거(枚擧)하기가 어려워 이 정도로 하겠다.

생활이 어려웠던지라 6명의 여동생들은 우리의 희생물이 되어 많이 배우지 못했다. 미안한 마음 금할 길이 없다. 그놈들 모두는 다 똑똑해서 배우기만 했더라면 세상을 놀라게 하는 놈들이 되었을 것이다.

어머님은 대표적인 요조숙녀(窈窕淑女)였고, 체구는 작으셨지만, 암기력이 단연 뛰어나서, 들은풍월로도 천자문(千字文)을 줄줄 외우셨다. 아버님은 형용(形容)이 장대하고, 말씀이 논리정연하여 농촌 필부치고는 똑똑하기 그지없는 분이셨다. 꽹과리, 장구의 예기(藝技)가 출중해서 군(郡) 농악대회에 출전하여 입상의 영광을 누리기도 하셨다.

남부여대(男負女戴)라는 말을 처음 접했을 때, 우리 가족이 겪은 가난했던 시절이 떠올라 가슴이 뛰었다. 재물의 빈곤은 쉽게 고쳐지지만, 혼(魂)의 빈곤은 잘 고쳐지지 않는다. 혼의 빈곤이 아니고 재물의 빈곤에 잠시 시달렸던 것에 적이 안심이 된다. 재물의 부족은 수치(羞恥)가 아니지만, 아무리 그래도 재물이 없으면 불편한 것임에는 틀림이 없다.

몸에 돈이 없으면 우선은 겉모양이 추해 보이고 마음까지도 허전하여 힘이 없고, 따뜻한 느낌마저 들지 않는다. 가난이 고약한 것이라고는 해도 영원히 가난하지는 않는 것이니, 열심히 힘써 노력하면 언젠가는 희망의 서광이 트여 올 것이다.

마음이 바르고 진실하면 되고, 수족이 튼튼하고 강하면 된다. 가난을 이겨냈던 힘으로 인내하고 무슨 일이든 바르게 선택하여 행하면 그보다 더 큰 재산은 없을 것이다.

만족할 줄 알면 가난하고 천해도 역시 기쁨이고(知足者貧賤亦樂), 만족할 줄 모르면 부귀도 역시 근심이라(不知足者 富貴亦憂) 하였다.

# 미(美)는 영원한 기쁨

나처럼 그림에 우둔한 사람은 호랑이를 그리라고 하면 개를 그릴 것이다. 실물이 있는 것을 그리기가 어려운 것은, 사람들의 평가가 무섭기 때문이다. 귀신이나 용을 그리라고 하면 아무렇게나 그려도 된다. 왜냐하면, 귀신이나 용은 실물이 없기 때문이다.

실물이 없는 것은 아무렇게나 그려놓고 이것이 바로 그것이라고 해도 틀리다고 할 사람은 없을 것이다. 나는 펜으로 글을 쓰는 것 이외에는 아무것도 할 줄을 모른다. 붓글씨에 대한 달필(達筆)의 꿈이 어찌 없었겠는가만 안될 것 같아서 그만 접었다. 친구들 중에 그림이나 글씨에 일심불란(一心不亂)의 노력을 기울이다 그만둔 것을 자주 보았다. 타고난 천분(天分)은 어느 정도는 있어야 하는 일이 수월해진다.

지금 내가 가장 잘 하는 것은 수준 미달의 것이지만 글을 쓰는 일밖에 없다. 지금 내 나이가 산수(傘壽)의 고비를 넘겼는데도 그렇게 큰 힘을 들이지 않고서도 글귀를 빼내어 글을 쓴다. 체력의 부담이 있기는 해도 조금씩 힘을 풀어서 쓰고 있다.

총명하지 않을수록 쾌활하다는 말이 있다. 내 총명하였더라면 고뇌도 많았을 것이고, 부질없는 집착에 매어 고생깨나 했을 것이다. 되지도 않을 일에 매달려 몸도 상했을는지도 모른다. 내 그런 경지에 이를 생각도 없이 사니 마음이 편하고 쾌활하여 좋다. 내 분수도 모르고 내 잘난 맛에 우쭐대며 살았더라면, 폭삭 망하는 우를 범했을런지도 모른다.

영국의 유명한 낭만주의 시인 키츠(Keats)는 그의 장시 "Endymion"에서 "미는 영원한 기쁨이다"라고 썼다. 그는 섬세한 미적 감수성을 가진 시인이었다. 27세의 젊은 나이에 병을 고치러 이탈리아로 갔다가 로마에서 객사했다.

"미는 영원한 기쁨이다"라고 말한 것은, 평소 그런 생각으로 살고, 그런 생각을 하며 시를 썼기 때문이다. 미추(美醜)의 개념은 인간 누구에게나 있다. 내가 추하게 보는 것을 다른 사람은 아름답게 볼 수도 있고, 내가 아름답게 보는 것을 다른 사람은 추하게 볼 수도 있다. 가치체계의 차이 때문에 그럴 것이다. 그런 것을 제외하면 美는 美인 것이다.

미란 무엇이냐? 미의 본질이 무엇이냐고 물으면, 미란 기쁨이라고 대답하는 사람이 많다. 하늘에 별이 아름답고, 땅에 꽃이 아름다우며, 풀잎과 나뭇잎이 아름답고, 흐르는 물, 은빛 물결, 도로를 질주하는 차, 하늘을 나는 비행기 등 아름답지 않은 것이 없다. 귀여운 어린 꼬마들, 젊은 여인과 젊은 남자들, 들에서 땀 흘려 일하는 농부들, 밤을 새워 책을 읽는 학생들, 공장에서 일하는 근로자들, 불끄기에 전념하는 소방관 아저씨들, 도적의 뒤를 쫓는 경찰관 아저씨들 모두가 아름답다. 왜냐하면, 그들 모두에게는 진실이 담겨져 있기 때문이고, 진실이 담겨져 있지 않으면 그 어떤 것도 미가 아니다.

별이 총총히 깔린 밤하늘은 우리들의 넋을 빼앗고, 천지운행(天地運行)의 신비함은 우리를 황홀케 한다. 들에 핀 온갖 야생화와 야생초들이 우리를 도취케 하고, 아름다운 젊은 여인의 미소는 우리의 넋을 빼앗는다. 하늘에 치솟은 고봉준령(高峰峻嶺)과 일망무애(一望無涯)의 푸른 바다, 은은히 울리는 아름다운 멜로디는 우리의 심금을 울린다.

모두가 인생의 미요 인생의 기쁨이다.

공연장에 나타난 반 누드 차림의 젊은 여인들의 관능적 미는 아름답지만, 그곳에서 한 발자국만 밖으로 나오면, 비속(卑俗)하여 보기가 흉하고, 경국(傾國)의 미로 세상을 아름답게 해도 미인박명(美人薄命)의 불행한 종국을 맞기도 한다.

또 다른 사람들은 미는 질서와 조화라고 한다. 휴지는 휴지통에 있어야 하고, 담배꽁초는 꽁초함에 있어야 한다. 밥도 밥그릇 안에 있어야 하지만, 밥그릇 밖으로 나오면 추한 것이 된다. 어떤 것이든 있어야 할 곳에 있을 때 질서요 조화여서 아름다운 것이 된다.

겉이 좋다 하여 아름다운 것은 아니다. 겉보다는 속이 곱고 진실해야 아름다운 것이 된다. 진실한 것은 그 광휘가 찬란하지 않다고 하였다.(眞光不輝) 옥에 흙이 묻어 지금은 광채가 없어도, 그 흙이 벗겨지는 날 찬란한 광채를 내어 나타난다.

서예 대가들의 아름다운 서체(書體)는 천추에 빛나고, 화가들의 심혈작은 만대를 초월하여 빛난다. 시성(詩聖)들의 빛나는 시구는 만인의 가슴을 움직이고, 장인(匠人)들이 두들겨 만든 명품 대작들은 생명력이 넘치는 창조적 예술품이다.

우리는 미 앞에 서면 가슴이 두근거리고, 인생의 온갖 고뇌가 멎는다. 예술 작품은 우리를 구원하는 새 생명으로의 탄생을 기약한다.

여름에는 시원하게 차려입어야 아름답고, 겨울에는 겨울옷을 입어야 아름답다. 바다로 갈 때는 바다 차림을 해야 하고, 산에 오를 때는 산차림을 해야 아름답다.

인생을 착하게 살고, 열심히 사는 것도 중요하지만, 아름답게 사는 것은 더욱 중요하다.

고루거각(高樓巨閣)이 좋은 것은 아니고, 산해진미(山海珍味)가 꼭 좋은 것은 아니다. 초가삼간(草家三間)도 정 들여 살면 좋고, 아내가 차려주는 소박한 밥상이 아무 탈이 없는 좋은 밥상이 된다.

값비싼 신발도 곱게 신으면 아름다운 것이 되지만, 뒷축을 쭈그려 신으면 추하고 보기 싫은 것이 된다. 값비싼 옷을 입었다 하여 아름다운 것이 아니고, 질박한 옷도 잘 손질하여 입으면 아름다운 것이 된다. 천분(天分)이 좋다 하여 무위도식(無爲徒食)하며 살면, 말년에 먹을 것이 없는 베짱이 신세가 된다. 말을 청산유수처럼 잘한다 하여 아름다운 것이 아니고, 그 속에 진실성이 없으면 속빈 강정의 허장성세(虛張聲勢)가 된다.

재주가 좋다 하여 꼭 성공하는 것은 아니다. 끈기와 노력이 없으면 아무 소용이 없다. 세상을 아름답게 빛내는 자들은 절차탁마(切磋琢磨), 분투노력하는 자들이지, 자기 재주만 믿고 시간을 허송하는 자들이 아니다.

가정은 마음이 아름다운 자들이 사는 아름다운 곳이다. 애정이 없는 가정은 향기가 없는 꽃과도 같고, 햇볕이 안 드는 방과도 같다. 애정이 결핍될 때 사람의 성격은 삐뚤어지고, 성격이 반목(反目)에 휘말린다. 아무리 얼굴이 아름다워도 고운 마음씨만은 못하다(美顔不如善心) 하였다.

미의 본질은 진실이요, 진실이 결여될 때 그 어떤 아름다운 것도 미가 아니다. 미와 진실이 하나로 연합할 때, 우리의 삶은 아름답고, 살기 좋은 삶이 된다. 미가 없는 생활은 삭막하여 살기 힘들지만, 미를 통해 우리의 삶이 이루어질 때 기쁨과 행복을 누리는 삶이 된다. 미는 영원한 기쁨을 주는 것이어야 한다.

## 눈 속에 봄을 기다리며(雪中待春)

"헐벗은 숲속엔 나뭇잎 하나 없고,
땅 위엔 꽃 한 송이 없다.
물방아 돌아가는 소리뿐,
대기 속엔 아무런 움직임이 없다."(P. B. 셸리)

지금은 엄동설한(嚴冬雪寒),
눈이 고이 쌓여 삼장설(三丈雪)이 되고,
초록은 실색(失色)하여 다 떨어지고.
나무는 나목(裸木)이 되어 긴 기도에 든다.
땅 밑에는 온갖 미물들이 숨을 죽이고
겨울을 난다.

지금은 설중대춘(雪中待春),
눈 속에 봄을 기다리며 봄이 오는 소리를 듣는다.

봄은 꽃의 계절이요 꽃의 바다다.
민들레, 진달래, 개나리, 라일락, 오랑캐꽃...

백화(白花)가 쟁발(爭發)하여 꽃의 바다를 이룬다.
혹독한 추위와 싸우며 용트림하며 피어오른다.

만물이 화향(花香)에 도연(陶然)히 취하고,
낡은 집 울타리에도 춘색(春色)은 가득하다.
칩거에 취한 사람들을 어서 나오라고 손짓을 한다.

온갖 풀잎이 싹이 터 오르고,
온갖 새들이 교태(嬌態)를 부리며 희롱한다.
봄은 화사한 차람으로 산야를 수놓고,
회색 하늘도 황금색으로 빛난다.

인간역사는 기다림의 역사요,
기다림 속에서 생명의 싹은 튼다.
기다림 속에 희망이 있고 희망 속에 삶의 의욕이 있다.

임을 기다리는 시간은 행복한 시간,
기다리다 지쳐 죽어도 행복한 시간이다.
기다림은 기쁨과 슬픔이 교차하는 시간,
잠시 슬프다 해도 다음을 기다리는 행복감에 젖는다.

눈 속에 봄을 기다리는 시간은 희망을 찾는 시간,
눈 속에 봄을 기다리는 시간은 절망을 물리치는 시간,
눈 속에 봄이 오는 소리가 들리고,
눈 속에 겨울이 물러가는 소리가 들린다.

희망은 어려운 일도 쉽다고 가르치고,
절망은 쉬운 일도 어렵다고 가르친다.

"희망은 거짓말쟁이기는 하지만, 우리를 즐거운 오솔길을 지나, 인생의 끝까지 데려다 준다."(F. D. 라로슈프코)
희망은 거짓말쟁이 같지만, 믿고 따르면 믿음대로 되어진다.

"절망은 죽음에 이르는 병이다."(S. A. 키에르케고르)

절망 속에서도 봄을 기다리며 살면,
봄은 화사한 빛으로 우리를 감쌀 것이다.
봄이 오는 길목으로 나서면,
새싹들이 밀고 올라오는 소리가 들린다.

내일이 없다고 절망하지 말자.
현기증으로 비실거려도 봄을 기다리며 살자.
희망이 있으면 어두운 방안에서도 푸른 하늘이 보이고,
봄이 오는 소리가 들리고, 봄을 합창하는 노래 소리가 들린다.

## 뉘우침 없이 사는 기쁨

산에 오르기가 힘들듯 학문하기도 힘들다. 나도 학문을 했다고는 하나 바닷가의 모래알 하나 만지작거리다 나왔다. 학문의 바다가 얼마나 깊고 넓은지 감탄하지 않을 수가 없다.

옛말에 배우는 자는 우모(牛毛)와 같고, 이루는 자는 인각(麟角)과 같다는 말이 있다. 배우는 자는 소의 털만큼이나 많지만, 학문을 성취하는 자는 기린의 뿔만큼이나 드물다는 말이다.

학문을 하되 공적이나 명예에 뜻이 기울면, 학문은 그런 사람을 밀어낼 것이다. 학문을 하는 사람이 입신양명(立身揚名)에 눈이 어두우면, 학문은 손사래를 쳐서 그를 내밀 것이다.

학문의 길은 끝 간 데가 없이 무궁하다. 자기가 한 학문을 다 이루었다고 호언하는 자가 있다면, 학문을 크게 모독하고 기만하는 자가 된다.

세상은 날로 변하고 학문 또한 세상과 같이 변한다. 오늘의 것은 벌써 옛것이 되고 새로운 것이 밀고 들어온다. 세상의 변화가 끝이 없듯 학문의 변화 또한 끝이 없다. 학문이 세상을 선도해서 세상의 변화를 이끌고 간다.

학문은 사람을 깊게 하고 넓게 한다. 옥은 다듬어야 좋은 그릇이 되고, 사람은 배워야 도를 안다.(玉不琢 不成器 人不學 不知道) 학문은 사람을 다듬어 빛나게 하고 세상을 아름답게 한다.

학문은 철이 덜 든 사람을 철이 들게 하고, 생각이 바르지 못한 사람을 바르게 한다. 밭이 있되 갈지 않으면 황무(荒蕪)한 땅이 되듯, 학문이 있되 학문을 하지 않으면 우매(愚昧)한 사람이 된다.

어찌나 학문에 열중하였던지 삼 년간이나 뜰을 보지 않고 살았다는 말이 있다(三年不窺園). 집이 가난했던지라 여름에는 반딧불로 공부하고, 겨울에는 눈빛으로 공부를 했다. 이런 공으로 성공하여 세상을 빛냈으면, 이런 공을 형설지공(螢雪之功)이라 한다.

학문은 이것저것 많이 하는 데 있지 않고, 근본에 정통해야 한다. 내가 하고자 하는 바를 찾아서 행하고, 근본에서 멀지 않게 해야 한다.

학문을 하되 세상에 아부하면 사곡(邪曲)한 사람이 된다. 곡학아세(曲學阿世)는 학문을 기만하고 세상을 욕되게 한다.

* *

아버님은 평생을 농사를 지으며 사셨다. 아주 선하고 충직한 농사꾼이셨다. 학문을 통해 농사를 익힌 것이 아니고, 눈으로 보고 귀로 들어서 익힌 농부이셨다. 몸으로 익혀 터득한 농사 박사이셨다. 땅만큼 정직한 것이 없고, 농사만큼 거짓 없이 거두는 것이 없다고 하셨다. 콩 심은 데서 콩이 나고, 오이 심은 데서 오이가 난다.(種豆得豆 種瓜得瓜) 이 원리를 모르면 농사를 그르친다.

아버님은 아침 이슬에서 그 날의 천기를 보시고, 바람이나 구름의 흐름에서 장차 다가올 변화와 재앙을 보셨다. 사철의 변화에 밝고, 농사철의 일기변화는 예보관을 능가하셨다. 아버님은 농사에 능통한 농사 전문가이셨다. 그 일에 노심초사(勞心焦思) 전념하는 분이셨고, 농사에 관한 한 일가견(一家見)이 서고, 주변을 압도하는 당당한 농부이셨다.

지금의 기계화시대의 기쁨은 누리지 못하고 가셨지만, 그 당시의 그 방법을 왕도로 여기며 사셨다. 한 해도 실패한 적이 없이 식구들을 먹여 살렸으니, 제왕의 권세만큼이나 큰 권세를 누리신 분이셨다.

연장을 가지고 일하는 사람을 공인(工人)이라고 한다. 새로운 기술이 없으면 세상을 따라 살기가 힘들다. 새로운 공인이 되려면 새로운 기술을 개발해야 한다. 학문도 늘 갈고 닦아(切磋琢磨) 빛나는 학문이 되게 하고, 세상을 선도하는 학문이 되도록 노력해야 한다.

학문은 중단해서는 안 되고 꾸준히 계속되어야 한다. 학문을 하는 자가 자기만족에 빠지면 그의 학문은 그것으로 끝난다. 부족함이 있다고 생각하면 늘 채워 넣어 완전해지도록 해야 한다.

학문은 세상을 지배하는 것이지만, 학문 그 자체에만 집착하면 쓸모없는 장식품이 된다. 학문은 세상을 빛내는 데 기여해야 한다. 학문을 통해 명덕(明德)을 쌓고, 세상을 밝고 편리하게 하고, 세상을 바르게 살 수 있게 해야 한다.

아무리 악한 사람도 선한 생각을 하지 않는 것은 아니다. 그것이 계속 선으로 이어지지 못하고 도중에 끊기기 때문이다. 끊기지 않도록 위기지학(爲己之學)을 계속해나가야 한다. 자기를 수신(修身)하고 돌아보는 학문을 위기지학이라고 한다.

공부를 적게 한 사람이 높은 자리에 앉아 있으면 늘 불안하다. 공부가 부족하다고 느끼면 그 자리에서 내려와 공부를 더 해야 한다. 위정(爲政)의 자리는 백성을 위하는 자리이니, 그의 잘못으로 백성을 힘들게 해서는 안 된다.

옛사람들은 벼슬의 위험성을 갈매기에 비유했다.

"물결치는 파도 위에 떠 있는 갈매기처럼 부침(浮沈)이 심하다. 파도 위에 떠 있는 갈매기를 보면 아슬아슬하다."(浮沈宦海如鷗鳥) 파도가 조용하면 갈매기가 물 위에 떠 있는 모습이 평화롭게 보이지만, 물결치는 파도 위에 떠 있는 갈매기의 모습은 불안하다.

환해(宦海)란 벼슬의 세계를 말하고(정부의 바다), 구조(鷗鳥)란 갈매기를 말한다. 아무리 잘 준비된 사람도 하루아침의 부침으로 그 자리에서 쫓겨난다. 어느 구름에서 비가 내릴지 알 수가 없다. 잘하고자 해도 잘 안되는 것이 인세(人世)의 삭막함이다. 운이 좋기를 바랄 것이 아니요, 늘 돌아보아 자기의 부족을 채워 넣는 데 힘써야 한다.

내가 평생을 몸담고 있다가 나온 교육현장도 쉬운 곳은 아니다. 강의가 명료치 못하면, 젊은 제자들로부터 호된 질타를 당한다. 늘 들고 다녔던 강의 보따리에 의존하다간 하루도 버티지 못한다. 사람이 사는 현장은 어디고 삭막하고, 잔인할 만큼 이해타산(利害打算)에 밝다.

세상 어느 곳에서 일하든 열심히 일하는 자만이 뉘우침 없는(誠無悔) 영광의 기쁨을 누린다. 늘 돌아보며 살아야 한다.

재주복주(載舟覆舟)라는 말이 있다. 물은 배를 띄울 수 있지만, 배를 뒤집어엎기도 한다. 세상은 참 무섭다. 잘 준비된 자만이 뉘우침 없이 살아갈 수 있을 것이다.

## 자연과 사람 사이

인간은 자연 속에서 살면서 자연의 길을 따라 산다. 자연에 거슬러 살다간 큰 재앙을 만난다. 이 세상에서 자연만큼 거대하고 힘이 센 것은 없다. 자연에 덤벼들어 자연을 정복하려다간 자연에 크게 당한다.

덥다 하여 더위를 못 오게 할 자는 없고, 춥다 하여 추위를 못 오게 할 자는 없다. 더위도 참아야 하고 추위도 참아야 한다. 그렇지 않으면 살아남지 못한다. 더우면 하선(夏扇)을 쓰면 되고, 그것으로 안 되면 선풍기나 에어컨을 틀어 더위를 달래면 된다. 우리가 사는 길은 자연의 길에 순응하며 사는 길이다. 자연에 거슬렀다간 하루도 살지 못한다.

자연은 인간에게 온갖 것을 다 주어 인간을 편리하게 한다. 여름에는 비를 주어 곡식이 자라게 하고, 태양 빛을 내려주어 곡식이 익게 한다. 천둥, 번개를 쳐서 하늘의 위용을 펴고, 태풍을 보내 세상을 잠시 긴장하게 한다.

늘 따듯하면 따듯한 것 같지가 않고, 늘 더우면 살기가 힘들다. 가을이 와서 더위를 식혀주고, 가을이 지나고 나면 추운 겨울이 온다. 춘, 하, 추, 동 사시절의 변화를 통해 새로운 변화와 기쁨을 느끼게 한다.

가을에는 하늘이 맑고 온갖 곡식들이 익고, 홍과(紅果)들이 푸른 하늘에 주렁주렁 열린다. 말들이 살이 찌고, 사람들 또한 입맛이 좋아 살이 오른다. 서릿발 속에서도 황국(黃菊)은 피어올라 봉접(蜂蝶)을 불러들인다.

국화야 너는 어이 삼월동풍 다 지내고
낙목한천(落木寒天)에 네 홀로 피었는가
아마도 오상고절(傲霜孤節)은 너 뿐인가 하노라(李鼎輔)

이런 글귀에 취하여 살다 보면 어느덧 단풍은 불타듯 탄다. 잎사귀마다 서리가 내려앉고, 온갖 이삭들은 오슬오슬 속삭인다. 일손이 바쁜 농부들은 허리를 펼 틈이 없고, 날이 저물어 어두운 데도 돌아설 줄을 모른다.

겨울이 오면 하얀 눈이 쏟아져 내리고, 아이들은 아우성을 치며 눈싸움을 한다. 노인들은 따뜻한 아랫목으로 자리를 잡고, 설중대춘(雪中待春)의 긴 기다림에 빠진다. 겨울의 한사(寒士)인 동백꽃만이 외로이 겨울을 난다.

봄은 생명의 계절이요 계절의 왕자다. 온갖 것들이 생명을 얻어 일어서고, 우리에 갇혀있던 짐승들은 우리에서 뛰쳐나온다. 목동들은 피리를 불어 봄을 노래하고, 오가는 사람들의 얼굴엔 웃음꽃이 피어난다. 만물이 춘광(春光)에 취해 춤을 추고, 생명의 합창으로 봄을 노래한다.

정 극인(丁克仁)이란 분은 정씨 가문(丁氏家門)의 대문인(大文人)이다. 이런 문인이 우리 가문에 계셨다는 게 큰 자랑이요, 영광이다. 이분이 노래한 상춘곡(賞春曲)을 여기에 올려 봄을 즐겨보고자 한다.

### 상 춘 곡(賞春曲)

"엇그제 겨울 지나 새봄이 돌아오니 도리행화(桃李杏花)는 석양리(夕陽裏)에 피어있고, 녹음방초(綠陰芳草)는 세우(細雨) 중에 푸르도

다. 칼로 말아낸가 붓으로 그려낸가 조화신공(造化神功)이 물물(物物)마다 헌사롭다. 수풀에 우는 새는 춘기(春氣)를 못내 겨워 소리마다 교태(嬌態)로다. 물아일체(物我一體)이니 흥(興)인들 다를 소냐."

아무리 생각해봐도 달리 표현할 길이 없는 명문이다. 아무리 읽어도 물리지 않는 좋은 글이다. 봄을 노래한 글이 많이 있었지만 단연 압권(壓卷)이다. 인간과 자연이 하나로 얽혀 홍에 겨워 춤을 추는 듯하다. "물아일체(物我一體)이니 흥(興)인들 다를 소냐." 모두가 같은 흥으로 봄을 즐기며 노래하는 듯하다.

자연은 자기를 사랑하는 자를 기만하지 않는다.(워즈워스) 인간의 필요를 위해 도로를 내고, 산을 뚫어 터널을 내고, 산을 깎아 집을 짓고, 마을을 만들고, 강을 만들고, 바닷길을 내고, 하늘에 길을 내어 이쪽저쪽을 오고 가며 산다. 인간의 편의를 위한 것이지 자연에 대항하여 싸우고자 함이 아니다.

자연은 자연을 사랑하는 자를 사랑한다. 자연을 사랑하지 않는 자는 자연 속에서 살 수가 없다. 자연은 신이 만든 위대한 예술이다. 자연의 신묘함에 놀라지 않을 자는 없다. 자연에는 오류가 없고, 인간의 손이 닿는 순간 자연은 훼손된다.

자연과 인간은 상호 공존한다. 살기가 힘들거든 자연으로 들어가 자연을 호흡하라. 정중여산(鄭重如山)이라 하였으니, 자연에서 정중함을 배우고 인내와 겸손을 배우라.

대자연의 품에 안기면 온갖 소리가 들린다. 새들이 노래하는 소리가 들리고, 나뭇잎을 흔드는 바람 소리가 들린다. 온갖 짐승들의 포효(咆哮)하는 소리와 세차게 흐르는 계곡물 소리, 벌레들의 꿈틀거리는 소리와 구름이 흐르는 소리.... 대자연의 합주단이 합하여 내는 주악(奏樂)이 들린다.

자연은 신이 만든 위대한 책이다. 책 중에서도 가장 큰 책이요 가장 위대한 책이다. 모든 것 하나하나가 경이롭고 신비롭다.

세상의 소요에 지친 사람들은 산에 가서 산의 고요와 포용을 배우라. 세상일에 매여 힘들게 사는 자들은 산에 가서 휴식과 자유를 배우라.

철 따라 다르게 들리는 산의 음향에 귀를 기울이라. 철 따라 변하는 산의 색조에 눈을 돌려보라. 산의 음향보다 더 아름다운 것은 없고, 산의 색조보다 더 아름다운 스펙트럼은 없다.

하늘과 땅과 그 속에서 사는 사람들은 서로 돕고 의지하며 산다. 하늘에서 눈, 비, 바람과 태양 빛을 얻어 살고, 땅에서는 온갖 소출을 얻어 산다.

이웃과 불화하는 자들은 산으로 가라. 가족과 불화하는 자들도 산으로 가라. 탐욕과 미움과 원망으로 가득 찬 사람들도 모두 산으로 가라. 산에서 산의 호연지기(浩然之氣)를 배우고, 산이 베푸는 사랑과 질서와 정중함을 배우라.

자연과 사람은 서로 교호(交互)하며 산다. 자연과 사람은 서로 주고받으며 산다. 이곳에서 병든 자는 산에 가서 치유하고, 이곳에서 힘이 빠진 자는 산에 가서 힘을 얻으라. 산의 길을 따라 산에서 배우라.

자연은 우리를 단련시키고 우리를 허물기도 한다. 자연의 따뜻한 품에 안겨 자연을 하늘 높이 노래하라. 마음이 차분히 가라앉고 맑고 밝은 사람이 되어 살 것이다.

# 이야기를 하다 보면

이야기를 하다 보면 별의별 이야기가 다 나온다. 평소 금기(禁忌) 사항으로 마음속 깊은 곳에 묻어두었던 이야기도 나온다. 인간관계는 이야기로 시작해서 이야기로 끝나는 관계다.

이야기하는 수준은 사람에 따라 천차만별이다. 부모로부터 타고난 말재주가 있어 잘하기도 하지만, 평소의 숙련도에 따라 잘하기도 하고 잘못하기도 한다. 어떤 사람은 청산유수처럼 이야기를 잘해서 주변을 놀라게 하는가 하면, 나 같은 사람은 겨우 생각을 풀어서 내놓는 정도여서 답답하게 느껴지기도 한다. 그런 데다 이제는 나이까지 들어 말이 명료하지도 못하다. 조금 더 있으면 어눌(語訥)해져서 내 말을 알아듣지도 못할 것이다.

이른 새벽에 공원 트랙에 나가 보면 말 상대가 저절로 생긴다. 남녀가 유별(有別)한 탓인지 여자 상대는 거의 없다. 뒷사람이 나를 따라잡아 자연히 말 상대가 생기기도 한다.

내가 나 자신에 대해 말한 적이 거의 없는데도 내 자신에 대해 잘들 알고 있다. 이심전심(以心傳心)으로 조금씩 전해 들어서 그러는 것 같다. 지금껏 그렇게 하며 산지라 그곳의 터줏대감이 되었다. 그러다 보니 먼발치로도 그곳에 나오는 사람들을 다 알아보고, 그들의 걸음걸이를 비롯하여 성품이나 말주변도 잘 알고 있다.

공원 트랙을 혼자 도는 일은 거의 없고 짝을 지어서 돈다. 같이 돌게 되면 이야기가 시작되고, 이런저런 이야기를 하다 보면 시간 가는 줄도 모르고 피곤함도 별로 느끼지 못한다.

이야기는 세상 사는 이야기들이지만, 나라님이 잘한다느니 잘못한다느니 등 여러 이야기들이 여과 없이 터져 나온다. 참 좋은 세상이 되었다. 옛날 같으면 쇠고랑을 찰 이야기도 서슴없이 해댄다. 처음에는 두 사람으로 시작되지만 몇 사람이 더 달라붙으면 백가쟁명(百家爭鳴)의 시끄러운 곳이 된다. 눈치 빠르게 한발 물러서지 않으면, 잘못하다간 평소의 좋은 사이도 벌어져 견원지간(犬猿之間)의 앙숙(怏宿)이 된다. 정치는 생활이라더니 우리의 생활 깊숙이까지 들어와 있다.

부부간이라 해서 서로의 뜻을 맞춰 투표장에 나가는 것은 아니다. 그러다 보니 부부유별(夫婦有別)의 독립된 생각으로 투표행사를 한다. 그런데 참 이상하다 할 만큼 집사람과 나와는 뜻이 잘 맞아, 그 일 때문에 서로 다투는 일은 거의 없다.

우리가 찍지 않은 사람이 당선되어도, 당선이 된 후부터는 그 사람을 지지하여 나랏일이 잘 되게 기원한다. 나랏일이 잘되는 일은 그 어떤 일보다도 훨씬 더 우선해야 할 일이기 때문이다.

당선된 사람은 사즉생(死卽生)의 각오로 정치를 잘해야 한다.

정치를 잘못하다간 큰일이 일어난다. 피바람이 온 나라를 휩쓸기 때문이다. 정직하지 못한 사람은 정치를 해서는 안 되고, 공부가 모자란 사람은 그 자리에서 내려와 공부를 더 해야 한다.

정치 이야기가 나왔으니 한마디만 더 해야겠다. 이씨 조선 7대 임금인 세조가 그의 조카인 단종(12세)의 자리를 빼앗아 그를 강원도 영월로 귀양보냈다. 종래에는 그를 죽여 영월의 동강(東江) 물에 띄워 보냈다. 이 사실을 알아차린 엄 홍도(嚴興道)라는 사람이 그의 시체가 떠내려오는 것을 보고 이를 건져내어 다른 곳에 묻어놓았다가, 세조가 죽은 후에 지금의 묘로 옮겨 모셨다. 3족을 멸하리라는 지엄한 왕명을 무릅쓰고 그 일을 결행했다. 더군다나 영월의 동강은 지세가 험하고 유속이 빨라 그 일을 감행하기가 참 어려운 일이었다.

그런데 엄 홍도의 묘는 단종의 묘에서 멀지 않은 곳에 있었고, 그 묘 앞의 묘비에는 '위선피화 오소감심'(爲善被禍 吾所甘心)이라는 글귀가 새겨져 있었다. "선을 위해 화를 당한다 해도 내 이를 달게 받노라."는 뜻이다. 그 글귀가 너무 훌륭하여 세상에 알리고 싶었다. 생명을 건 그의 깊은 충정(衷情)에 경의를 표한다.

공원에 나오는 사람들은 모두가 선한 사람들이다. 한 호리의 악도 없는 선량한 사람들이고, 건강을 통해 가정의 행복을 누리고자 하는 사람들이다. 가정은 어떤 희생을 치르더라도 지켜야 한다는 평범한 믿음을 진리처럼 여기며 살아가는 사람들이다.

그곳에 나오는 사람들은 젊은이들로부터 늙은이에 이르기까지 층이 다양하다. 젊은이들은 보폭이 빨라 제비가 나는 듯 날아가고, 늙은이들은 힘이 부치는지라 힘들게 걸어간다.

어떤 사람은 다리뼈에 금이 가서 병원에서 한 달여간 살다가 나왔고, 또 어떤 사람은 무릎의 관절이 좋지 않아 수술을 받았고, 또 어떤 사람은 허리가 부실하여 대수술을 받았노라고 했다. 어떤 분은 지팡이에 의지하여 힘들게 걷기도 하고, 우보(牛步)처럼 서행(徐行)으로 몸을 간신히 부지하며 걷는 사람도 있다.

삼인동행(三人同行)에 필유아사(必有我師)라는 말이 있듯이, 세 사람이 걸어가면 그 속에는 반드시 나의 스승이 있다는 뜻이다. 힘들지만 힘들다는 내색도 하지 않고 일편단심(一片丹心)으로 열심히 살아가는 모습은 모두 우리의 귀감이 된다. 조금씩 회복되어 가는 데서 기쁨을 얻고, 여닫음이 빈번한 문지방은 좀이 슬지 않는다(戶樞不蠹)는 말을 금과옥조(金科玉條)로 여기며 열심히 살아간다.

노인에게는 병고(病苦)가 가장 큰 고통이고, 자식들에게 의지하여 살면 그들에게 미안하고, 병고에다 돈까지 없으면 이중고(二重苦)가 된다. 거기다가 외로움까지 겹치면 참 비참해진다. 이를 노년삼고(老年三苦)라 하여 늘 경계하며 살지만, 마음대로 되는 것은 아니다.

거의 매일 아침 나의 이야기의 벗이 되어주는 유교장 선생님이라는 분이 계신다. 고등학교에서 교장까지 하신 분이다. 인생경륜(人生經綸)이 많은지라 아는 것도 많고, 그분이 하는 이야기는 평범한 세상 사는 이야기지만 의미가 깊어 매우 들을만하다. 간담상조(肝膽相照)라 하였듯이 마음속 깊은 곳까지 비춰주는 허물없이 터놓는 이야기가 많다. 서로 늙어가는 처지라 금도(襟度)를 넘어서는 이야기를 해도 다 이해하고 넘어간다. 부부간의 금슬이 좋은지라 서로 돕고 의지하며 사는 모습이 참 아름답다. 금슬상화(琴瑟相和)에 해로동락(偕老同樂)의 말년을 누리며 사신다.

말을 하다 보니 많은 이야기를 했지만 반의반도 못 했다. 말을 하다 보면 굳게 닫혔던 마음의 문이 열리고, 마음속 깊은 곳에 가두어 놓았던 이야기들까지 다 하게 된다. 못다 한 이야기는 다음에 할 수 있기를 기원하며 이만 줄인다.

# 제2부

## 櫛風沐雨
(즐 풍 목 우)

**바람으로 머리를 빗고 빗물로 목욕을 한다**

머리는 빗으로 빗어야 하고, 목욕은 목욕탕 물로 해야 한다. 그런데도 머리를 바람으로 빗고, 목욕을 빗물로 해야 하니 예사 상황이 아니다. 이런 어려운 상황에 겸연히 맞서 대처함을 나타내는 말이다.

분주파부(焚舟破釜)라는 말이 있다.

배를 불태우고 솥을 부숴버린다는 뜻이다. 배를 다시 쓸 생각이나, 솥으로 밥을 다시 지어먹을 생각을 하지 않고, 마지막 승부를 걸어 어떤 상황에 결연히 맞서 대처함을 말한다.

## 들어둘 만한 이야기

전에는 뒷산이 좋아 뒷산을 오르내렸지만, 힘이 부치는지라 하는 수 없이 공원 트랙을 돈다. 집에서도 가깝고 큰 힘을 들이지 않고서도 돌 수가 있기 때문이다. 나오는 사람들이 많아 우접이 되고, 이런저런 이야기를 같이 하다보면 시간 가는 줄을 모른다.

경사가 거의 없이 만들어졌고, 보도(步道)도 촉감이 좋은 것으로 깔아 놓아 걷기에도 좋다. 농구 코트도 있고, 어린이 놀이시설도 있다. 성인들이 할 수 있는 운동기구도 설치해놓아 운동하기에도 그지없이 좋다. 그리고 둘레에는 벤치들을 설치해놓아 힘들면 잠시 앉아서 쉴 수도 있게 해놓았다.

이른 아침에 이곳으로 나와 한 시간 정도 몸 단련을 하고 나면, 하루를 살 수 있는 에너지를 얻는다. 집으로 돌아와 10여분 정도의 스트레칭을 하고 몸을 씻고, 아침 식사를 하고 나면, 그것으로 나의 아침 일정은 끝난다. 저녁 식사 때까지의 나머지 시간을 통째로 쓸 수 있어서 좋다. TV도 보고, 신문도 읽고, 글도 쓰고, 필요하면 외출도 하고, 자유만세를 구가하며 산다.

몸만 아프지 않으면 좋으련만, 아프지 않고 살 수가 없다. 게다가 불시로 찾아오는 밤새 연고도 있는지라 그것 또한 대비하기가 어렵다.

공원 둘레에는 장목(長木)들이 우거져 있어서 보기에도 좋고 공기도 맑다. 청폐(淸肺)를 유지하는데 그렇게 좋을 수가 없다. 한 나무에는 어느새 까치 부부가 집을 지어 들락거린다. 살림을 차린 지는 얼마나 되고, 후손들은 몇 대나 깠는지 궁금하다. 참새 떼들이나 비둘기 떼들이 날아들어 땅에 떨어진 먹이를 주워 먹느라 바쁘다. 저놈들은 시력이 얼마나 좋아서 저렇게 작은 것들까지 주워 먹는지 알 길이 없다. 비둘기들은 사람이 무섭지도 않은지 손을 내밀어도 도망치지 않는다. 어떤 때는 희귀종의 새들이 날아들어 희롱거리다 간다. 봄에는 옆산의 춘치(春雉)들이 울음을 터뜨려 봄이 온 것을 알린다.

만나는 사람들끼리라도 다정하게 이야기도 하면서 영원무궁 이렇게 살고 싶지만 그것 또한 마음대로 되지 않는다. 잘 나오던 사람이 갑자기 나오지 않는다. 인생 말년을 살고 있는지라 영원한 길을 찾아갔는지도 모른다. 세월은 유장(悠長)하고 인생은 유한(有限)하다. 이런 세상의 질서에 거스르며 살 자는 없다.

이런저런 이야기 중에 들어둘 만한 이야기가 많다. 모두가 세상 사는 이야기들이다. 어디가 아프면 어느 병원으로 가야 하고, 맛있는 음식을 먹고자 하면 어느 식당으로 가면 되고, 그런 물건은 어디로 가면 구할 수 있고 등... 그들은 모두가 생활의 달인들이라 모르는 것이 없다. 내가 대상포진을 앓다가 그곳에서 얻은 정보가 잘못되어 헛걸음을 친 적도 있지만, 어려울 때 서로 돕고 살려는 마음에는 변함이 없다.

그곳에 나오는 사람들은 남녀가 반반이지만, 남녀유별(男女有別)의 벽은 아직도 여전하다. 예쁜 여인이 가까이 오면 어쩐지 긴장이 되고, 그런 여인에게 좌고우면(左顧右眄)했다간 풍기문란에 걸린다.

오복이라는 것이 있다. 오복을 알고 살자 해서 내 책에서 몇 차례 반복했다. 첫째는 기왕에 좋은 세상에 왔으니 적당한 수(壽)를 누리며 살고, 둘째는 밥이 궁해 배고프지 않게 살고(富), 셋째는 아프지 않고 건강하게 살고(康寧), 넷째는 남에게 덕을 베풀며 살고(攸好德), 다섯째는 마지막 숨을 거둘 때 고통 없이 편안하게 죽는 것(考終命)이 곧 오복이다.

바란다고 다 뜻대로 되는 것은 아니다. 그저 그렇게 되기를 기원할 따름이다. 아무리 부귀, 영화, 권세, 명예를 누리며 살았다 해도 고종명을 잘하지 못하면, 오복을 누렸다 하지 않는다. 뒷일이야 어떻게 되든 우선은 건강하게 살아야 한다. 우리의 몸은 날로 굳어진다. 움직이면 살지만 누워만 있으면 죽는다.

젊었을 때는 하는 일이 많아 성취하는 일도 많았다. 기운이 빠질 정도로 기뻐할 일도 있었지만(喜卽氣緩), 지금은 하는 일이 없으니 기뻐할 일도 없다. 모든 일이 무탈(無頉)하기를 바라며 조용히 조용히 살 뿐이다.

해가 다르게 몸이 변한다. 작년이 다르고 금년이 다르다. 명년은 더 다를 것이다. 어쩔 수가 없다. 아무리 그래도 할 일은 해야 한다. 죽는 날까지 움직이며 살아야 한다. 건강은 만능적이다. 건강을 잃으면 세상 모든 것을 잃는다.

쓰고 보니 시시콜콜한 이야기들이다. 제목은 근사하게 '들어둘 만한 이야기'로 했지만, 색(色)이 바랜 이야기들이다. 옷을 입더라도 철에 맞아야 한다. 철이 지난 옷은 아무리 좋은 것도 좋게 보이지 않는다.

용지불갈(用之不渴)이라는 말이 있다. 아무리 써도 다함이 없다는 뜻이다. 내 그간 공부를 많이 했더라면, 아무리 퍼서 쓰더라도 다함이 없을 터이지만, 무서울 정도로 나의 천학 비재(淺學菲才)를 느낀다.

이야기를 잘못해서 독자들을 속상하게 했을는지도 모르지만, 다음 글귀를 독자들에게 드리면서 이 글을 마치고자 한다. 이 글귀를 이 책에서 두 번이나 반복하여 권하니 익혀 살기를 바란다.

| | |
|---|---|
| 큰 길이 평평하여<br>활짝 열려있어도<br>그리로 가는 이가 없고 | 大道平開無人走<br>(대도평개무인주) |
| 감옥 문은 굳게 닫혀있어도<br>두드리는 사람이 있다 | 獄門深閉有人敲<br>(옥문심폐유인고) |

## 판도라 상자

판도라는 그리스 신화에 나오는 이 세상의 최초의 여인이다. 제우스 신이 판도라에게 상자 하나를 주며 열어보지 말라고 했다. 열어보지 말라고 한지라 더 많은 호기심이 생겨 열어 보게 되었다. 그 순간 그 상자 속에 들어 있었던 모든 악이 일거에 쏟아져 나와 이 세상을 가득 채우게 되었다.

악이 쏟아져 나오자 이에 놀란 판도라는 그 상자를 성급히 닫아버렸다. 그렇지만 악은 이미 다 빠져나온 후였다. 악과 같이 있었던 선(희망)은 나오지 못하고 그 상자 안에 갇히게 되었다.

그때 선이 악과 같이 나왔더라면, 이 세상은 훨씬 더 살기 좋은 세상이 되었을 것이다. 그러지 못한지라 악이 창궐하여 세상은 날로 악해진다는 이야기가 판도라 상자에 얽힌 이야기다.

판도라 상자는 신문이나 TV에 어찌나 많이 나오던지 이 말을 모르는 사람이 거의 없을 것이다. 사람이 죄를 지으면 천하 만민의 눈총을 받아야 하고, 법정에 나가 법관들 앞에 서야 한다. 그런데 범인이 범죄 사실을 실토하지 않으면, 범인의 입에서 쏟아져 나올 범죄 사실이 더욱 궁금해진다. 범인의 판도라 상자 속에는 어떤 것이 들어 있으며, 그 상자가 언제 열려 그 악들이 드러날지 궁금해진다.

그 판도라 상자를 열어젖혀 본인의 입으로 속 시원히 털어놓는 사람은 거의 없다. 있는 힘을 다해 숨길 수 있을 때까지 숨기다가 안 되겠다 싶으면 그때 실토하여 세상을 놀라게 한다. 그러다 보니 이쪽과 저쪽 사이에 치열한 법리(法理) 논쟁이 벌어지고, 그러다 보면 그 싸움은 며칠 몇 달이 걸리기도 하고, 영원한 미제(未濟)의 사건으로 끝나기도 한다.

만약 내가 그런 입장이 되면 나도 그럴런지는 모르지만, 지금의 심정 같아서는 한 톨의 악도 남김없이 다 털어내어 일을 수월하게 할 것 같다. 그렇게 해서 행한 대로 벌을 받는 것이 온당할 것이라는 생각이 든다. 세상 모든 일은 뿌린 대로 거두는 것인즉 종두득두(種豆得豆) 종과득과(種瓜得瓜)의 원리대로 행해져야 한다. 콩 심은 데서 콩을 거두고 오이 심은 데서 오이를 거둬야 한다.

양심은 하늘의 망 또는 천망이라고 한다. 하늘의 망 곧 양심을 빠져나갈 수 있는 것은 아무것도 없다. 그래서 양심은 하늘의 법정이라고도 한다. 일반 법정에서는 잘못 들어온 사람도 있고, 법망을 피해 활보하고 다니는 사람들도 많다. 나도 세상의 법망에는 걸리지 않아 선인 행세를 하며 살고 있지만, 양심의 망 곧 천망(天網)으로는 어림도 없는 사람이다.

*　　*

이 세상에 악이 없고 선만 있으면 좋을 것처럼 느껴지지만, 그렇지가 않다. 악이 없고 선만 있으면, 선이 좋은 줄을 모르고, 악만 있으면 악이 나쁜 줄을 모르고 살게 된다. 오직 선을 통해서만이 악이 나쁘다는 것을 알고, 악을 통해서만이 선의 소중함을 알게 된다.

판도라 상자에 얽힌 그리스 신화와 우리가 사는 이 세상과는 차이가 있다. 우리가 살고 있는 이 세상에는 선도 있고 악도 있으며, 희망도 있고 절망도 있다. 늘 선을 행하며 살고자 하되 악이 가만 놔두지 않고, 늘 희망을 품고 살고자 하되 절망이 가만 놔두지 않아 절망에 떨어져 허덕인다.

그러다가 다시 희망으로 올라와 희망 속에서 살고, 악 속에서 허덕이며 살다가 다시 선으로 올라와 선 속에서 산다. 선과 악이 교차하면서 선의 소중함을 알고, 악을 저지르며 살아서는 안 된다는 생각을 하게 된다.

*　　　　*

생명이 있는 한 희망이 있다. 희망은 만사가 용이하다고 가르치고, 절망은 만사가 어렵다고 가르친다. 그러고 보면 희망처럼 좋은 것이 없다.

모든 일이 희망한 대로 이루어지는 것은 아니다. 희망은 때로는 거짓말쟁이처럼 느껴지지만, 절망하지 않고 희망을 품고 살면, 언젠가는 그 희망이 성취될 날이 올 것이다. 그래서 인간의 최고의 행복은 희망에 차서 사는 것이다. 희망을 가지면 안 될 일이 되고, 절망을 가지면 될 일도 안 된다.

힘들 때일수록 희망을 품으라고 한다. 희망은 우리를 속이는 사기꾼이 아니라, 꼭 믿고 노력하면 꼭 성취될 것이다. 희망은 우리들의 마음을 즐겁게 하고, 희망에 사는 사람은 음악이 없어도 춤을 춘다고 한다.(He that lives in hope dances without music.)

*　　　　*

선의 근원은 곧 마음이니 마음을 바르고 옳게 가지면 선한 행위가 되지만, 남을 도와주려는 마음이 아니고 남을 해치고자 하는 마음을 가지면 그것이 악이다. 그래서 옛말에 "마음을 잘 가지면 죽어도 옳은 귀신이 된다."는 말까지 나왔다.

악은 필요하다. 만약 악이 존재하지 않는다면 선도 존재하지 않는 것이 된다. 악이야말로 선의 유일한 존재 이유가 된다. 그러나 악 속에 오래 머물러 있으면 선으로 일어설 힘을 잃는다. 악은 우리를 잠시 이길 수는 있어도 오래 정복하지는 못한다. 악을 행하는 사람이 많아지면 세상은 악해져서 살기 힘들어진다. 그래서 옛말에도 권선징악(勸善懲惡)이라 하여 선을 권하고 악을 징벌하라 하였다.

판도라 상자에 있던 모든 악은 다 나와서 더 나올 것이 없다. 세상에 나와 있는 악만 우리가 싸워 이긴다면, 세상은 언젠가는 선한 세상이 되어, 살기 좋은 세상이 될 것이다. 선인선보(善人善報) 악인악보(惡人惡報)라 하였다. 선인은 선으로 보상을 받고 악인은 악으로 보상을 받을 것인즉 꼭 그렇게 되기를 기원하며 이만 줄인다.

## 마녀사냥(Witch Hunt)

마녀란 마력을 가진 여자를 말한다. 유럽의 민간 전설에 나오는 요녀(妖女)로서 악마와 결탁하여 마약을 쓰기도 하고, 주법(呪法)을 행하기도 하여, 사람에게 여러 가지 불행이나 해독을 끼치는 여자를 말한다.

마녀사냥이란 중세기 유럽의 여러 나라와 교회가 이단박멸(異端撲滅)이라는 이름으로 특정 인물을 마녀라 하여 탄압한 것을 말한다. 재판을 열어 행한지라 마녀재판이라고도 했으며 불로 태워서 죽인지라 이런 형벌을 분형(焚刑)이라고 했다.

특히 16~17세기의 종교개혁 시대에는 전 유럽에 걸쳐 이 일이 행해졌으며, 17세기 말에는 미대륙으로 건너가 성행하다가 18세기에 이르러 없어졌다.

지금도 자기 교파(敎派)와 뜻이 맞지 않으면, 이단이라 하여 미워하는 경향이 있다. 유럽 중세기에는 이단이라고 판명이 되면, 잡아다가 재판에 넘겼고, 불로 데워 죽였으니 얼마나 잔인했는지를 알 수 있다. 그런 일이 16~17세기까지 거의 200년 동안 계속되었으니, 얼마나 잔인하고 무서운 일을 했는지를 알 수 있다.

16세기에는 종교개혁을 통하여, 사람은 신앙에 의해서만 신의 나라에 태어날 수 있으며, 성서는 직접 신의 길을 나타내 보인 것이라고 주장했다. 교권(教權)을 부인하면, 신을 부인한 것이라 하였다. 이런 개혁운동이 전 유럽을 휩쓸었으며, 더군다나 이단자는 가차 없이 박멸하였으며, 이 모든 일이 마녀사냥이라는 이름으로 행해졌다.

마녀사냥이라는 말은 요즘 우리나라에서도 많이 쓰이는 말이 되었다. 신문이나 TV 등에 심심치 않게 종종 오르내린다. 정치인들이 자기파에 속하지 않는 사람은 마녀시하고, 자기파를 탄압하거나 정치적 위해를 가하면 마녀사냥을 한다고 하여 맞서 싸운다. 전적으로 자기 당이나 자기 당 사람들을 보호하려는 보호 본능에서 나온 것이다.

사람은 본능적으로 둘로 나뉘어 적대시하며 싸운다. 마녀사냥도 저쪽이 자기 마음에 들지 않으면 잡아다가 처형해서 죽였다. 그것도 불로 태워서 죽이는 분형(焚刑)을 하였으니, 사람이 얼마나 잔인한 동물인지를 알 수가 있다. 그것도 거의 200년간을 그렇게 했으니, 얼마나 많은 사람들이 마녀사냥을 당해 죽었는지 모른다. 총이나 화살로 쏴서 죽이면, 그 고통이 잠시지만, 엄청난 고통을 주면서 불로 태워서 같은 인간을 죽일 수 있었는지 도무지 이해가 가지 않는다.

* *

제1차 세계대전과 제2차 세계대전도 전 세계가 둘로 나뉘어 싸웠으니, 그 싸움이 얼마나 치열하고 인명손실이 얼마나 컸는지를 알 수 있다. 특히 제2차 세계대전은 히로시마와 나가사키에 원자탄을 투하해서 겨우 끝이 났으니, 그 싸움의 정도를 알 수 있다.

십자군(十字軍) 전쟁 역시 기독교와 회교도 간의 전쟁으로 거의 2세기에 7차례에 걸쳐 일어난 전쟁이다. 그 목적은 예수의 묘가 있는 예루살렘의 회복에 있었으니, 장기간에 걸친 양 진영 간의 전쟁의 치열함을 짐작게 한다.

전쟁은 평화를 위해서 있는 것이라고 하지만, 지구상에서의 전쟁은 아무리 해도 끝나지 않는다. J. F. 케네디는 "인류는 전쟁에 종지부를 찍지 않으면, 전쟁이 인류에게 종지부를 찍은 것이다."라고 했다. 인류가 지상에 존재하는 한 전쟁은 끝날 날이 없고, 시간이 흐를수록 총칼의 번득임은 날로 심하고, 대포알의 생산은 날로 늘어나서, 언젠가는 인류 공멸의 날이 올는지도 모른다.

경전에서는 "너희들 모두 하나가 되라. 하나가 아닌 것은 내 것이 아니니라."라고 하였지만 온 인류가 하나가 되는 날은 언제일지 요원하기만 하다. 가정에서도 하나가 되지 못하여 서로 싸우고, 이웃과도 불화하여 싸우고, 한 나라 안에서도 이 당 저 당으로 나뉘어 서로 간의 증오와 갈등이 심하다.

마녀사냥도 이쪽과 저쪽 간의 증오와 갈등으로, 저쪽을 죽여야 내가 살아남을 것이라는 생각으로 싸운다.

옛말에 안중정(眼中釘)이라는 말이 있다. 눈 속에 못이 들어있다는 말이다. 사람에게는 사람의 본성이랄 수 있는 인성(人性)이 있는가 하면, 잔인한 동물성도 가지고 있어서 이런 모진 일을 서슴없이 저지른다. 그래서 동물들은 화가 나면 상대방을 물어뜯어 죽인다.

한국의 6·25 전쟁도 사람들이 저지른 전쟁이고, 더군다나 동족 간에 일으킨 동족상잔(同族相殘)의 무서운 전쟁이었다. 온 산하(山河)가 쑥밭이 되었고, 무고(無辜)한 사람들이 얼마나 많이 피를 흘렸는지 모른다.

나라의 위정자들이여! 정치를 한답시고 마녀사냥과 같은 끔찍하고 무서운 일을 하지 마시오. 잘못이 있으면 바르게 지적하고, 바르게 견제하고, 비판을 통해 잘못을 돌아볼 수 있게 해야 한다. 양자는 늘 공존공영(共存共榮)의 동반자가 되어야 한다. 그러지 못하면 공도동망(共倒同亡)의 불행을 겪는다.

요즘 마녀사냥이라는 말이 지상이나 TV에 자주 등장하는 것을 보면,

그에 상응한 일들이 일어나고 있는 것을 알 수 있다. 아무리 상대방이 밉다고 해도 마녀사냥식으로 혹독하게 처결(處決)해서는 안 된다. 그렇게 하다간 그것이 곧 나에게로 부메랑이 되어 돌아와 나를 힘들게 할 것이다.

## 함정

사람이 가는 길에는 수없이 많은 함정이 있다. 그간 많은 함정을 잘 피하며 살았다. 나는 80여성상(星霜)에 이르도록 별 탈 없이 살았으니 참 운이 좋은 사람이다.

어느 날 밤에 밖에 나갔다가 오토바이에 치여 죽을 뻔했다. 함정은 도처에 도사리고 있다가 우리를 위협한다. 택시기사의 옆에 앉았다가 그가 졸음운전을 하는 바람에 가로수에 부딪혀 얼굴에 큰 상처를 입은 적이 있다. 다른 일이 어찌 없었겠는가만 그래도 이 정도가 고작이니, 나는 평생을 별 탈이 없이 산 사람이다.

친구 사이라 하여 함정이 없는 것은 아니다. 말 한마디 잘못한 것이 원인이 되어 친구 간에 큰 균열(龜裂)이 생기고, 직장 동료들과도 뜻하지 않은 일로 견원지간(犬猿之間)이 된다.

가정이라 하여 늘 안전한 곳은 아니다. 아내와의 사이에도 함정은 있고, 가족들 간에도 늘 함정은 있다. 접촉이 빈번할수록 함정은 더 많다. 허물없는 사이라 하여 함부로 해서는 안 된다. 안전한 곳일수록 위험은 더 많고, 조심해야 할 일도 더 많다.

인간관계처럼 복잡한 관계는 없다. 토라졌다가 다시 돌아서고 돌아섰다가 다시 토라져 싸운다. 영원히 안전한 관계는 어디에고 없다. 늘 햇볕이 따스한 곳은 없다. 어느 구름에서 비가 내릴지 알 수가 없다.

지금까지 많이 얽히고 싸우며 살았지만, 상대방이 잘 이해해주어서 잘 살았다. 어려운 일도 있었지만 잘 풀고 잘 인내하며 살았다. 세상의 미혹에 잘못 빠지지는 않았다. 마약이나 도박에 빠져 못된 사람이 되지 않은 것이 기쁘고, 술을 잘못 배워 매일 장주로 고주망태가 되지 않은 것에 감사한다.

이 세상에서 가장 나쁜 것은 주색잡기(酒色雜技)라 한다. 그런 것에 빠지지 않고 살았으니 무엇보다 다행한 일이다. 일편단심 변함없이 가정을 따뜻한 곳으로 여기며 살았고, 그 안에서 기쁨과 행복을 누리며 살았다.

하늘에는 온갖 새들이 날고, 벌, 나비가 활개 치며 날아다닌다. 자유만세를 구가하며 마음껏 날아다닌다. 인간의 손에 잡힐 일이 없이 푸른 하늘을 종횡으로 누비며 날아다닌다. 그러나 그들에게도 올무가 있고, 그들을 노리는 함정이 있다. 작은 거미줄에 걸려 거미의 밥이 되고, 독수리 같은 맹금의 밥이 되어 죽는다. 호랑이 같은 맹수도 함정이 없는 것은 아니다. 사람이 쏘는 화살이나 총알 하나면 그들의 생은 그것으로 끝난다.

구약전서에 "함정을 파는 자는 거기에 빠질 것이요 담을 허는 자는 뱀에게 물리리라"(전도서)라고 하였다. 남을 해코지하는 자는 도리어 내가 해를 입어 죽는다.

사람을 나무 위에 올려놓고 그 나무를 흔들어서는 안 된다. 사람을 꾀어 불행한 처지에 몰아넣는 자는 도리어 그 함정에 빠져 죽는다.

자승자박(自繩自縛)이라는 말이 있다. 자기 노끈으로 자기를 묶는다는 뜻이다. 무슨 꼼수를 부리다간 그 꼼수에 걸려 죽고, 권모술수(權謀術數)를 부리다간 그 술수에 걸려 죽는다. 일을 행하되 솔직하고 바르게 해야 한다. 감추어 행하다간 자승자박의 올무에 걸린다.

남을 빠뜨리기 위해 함정을 파면 그 함정에 자기가 빠진다.(He who digs a pit for others falls into himself.) 남을 해치려고 하는 자는 자기 자신에 대한 화를 준비하는 사람이다.(He prepares evil for himself who plots mischief for others.)

남을 해코지하는 생각을 해서는 안 되고, 남을 해코지하여 함정을 팠다간 되레 그 함정에 빠져 죽는다.

자업자득(自業自得)이라는 말이 있다. 자기가 저지른 일의 과보(果報)를 자기 자신이 받는다는 뜻이다. 나쁜 일을 하고 잘 되는 사람은 없다. 이를 자업자박(自業自縛)이라고 한다. 자기가 한 일이 자기를 묶는다는 뜻이다. 사람을 지붕 위에 올려놓고 사다리를 치워서는 안 된다(登樓去梯). 선인선보(善人善報) 악인악보(惡人惡報)라 하였다. 선인은 선으로 보응을 받고, 악인은 악으로 보응을 받는다.

지뢰밭에 지뢰가 깔려있듯, 우리 앞에는 많은 함정이 널려 있다. 세상을 살되 늘 조심하며 살아야 한다. 남을 해치고자 함정을 팠다간 도리어 그 함정에 빠져 죽는다.

기는 놈 위에는 나는 놈이 있고, 나는 놈 위에는 더 빨리 나는 놈이 있다. 다람쥐는 나무를 잘 타는 놈이지만, 독수리에 걸리면 독수리의 밥이 된다. 1등이 그 자리를 계속 유지할 수 있을 것이라고 자만하다간 2등이 쳐놓은 올무에 걸린다. 자만의 함정보다 더 무서운 것은 없다. 잠시 자만하고 있는 사이에 불행의 싹은 트이기 시작하기 때문이다.

## 가정은 도덕의 학교다

가정에 관한 글은 책을 낼 때마다 한 편 이상씩 써서 실었다. 좋은 제목이 생각나지 않아 좀 망설이던 터에, 상기의 제목이 떠올라 쓰게 되었다.

이 세상에서 가정보다 더 좋은 곳은 없다. 가정이 좋은 것은 그 안에서 가족이 살고 있기 때문이다. 가정은 할아버지, 할머니, 아버지, 어머니, 형, 누나, 동생이 서로 사랑하며 사는 곳이다. 그들이 서로 사랑하며 살지 않으면, 가정보다 더 살기 힘든 곳은 없다. 왜냐하면, 가족은 매일 서로 만나야 하는 사람들이기 때문이다.

글을 더 잇기 전에 채근담에 나와 있는 글귀를 소개하고자 한다.

"집안사람이 허물이 있다 하여 몹시 화내지 말 것이며, 가볍게 넘기지 말 것이니, 그 일을 말하기 어렵거든 다른 일을 빌려 넌지시 교회(教誨)하라. 오늘 깨닫지 못하거든 내일 기다려 두 번 경계하라. 봄바람이 언 것을 풀듯이, 화기가 얼음을 녹이듯이 하라. 이것이 바로 가정의 규범이니라."

나도 가장이 되어 가정을 다스렸지만, 어지간히 잘못한 것은 눈을 감아 모른 체 하지만, 잘못이 크면 어떻게 해야 할지 망설일 때가 더러 있다. 채근담의 이 글귀는 아무리 읽어봐도 귀감을 삼을만한 좋은 글이다.

가정은 도덕을 가르치는 학교다. 가정에서 잘 배우고 나가면 학교에서도 잘하고, 사회에서도 잘하는 사람이 된다. 가정은 인생의 첫 번째 학교이고, 이 첫 번째 학교에서 세상을 살아가는 데 필요한 윤리 도덕과 예의범절을 배운다.

부모는 자식이 세상에 나와 맞이하는 첫 번째 스승이요 길잡이이다. 어머니의 인자한 얼굴에서 사랑을 배우고, 아버지의 근엄한 태도에서 질서와 위엄을 배운다. 형은 동생을 사랑하고, 동생은 형을 공경하는 형우제공(兄友弟恭)의 동기애(同氣愛)를 배운다. 한 가족이 한 가정 안에서 서로 뒤얽혀 살면서, 서로 돕고 의지하는 마음을 배우고, 화기애애(和氣靄靄)한 가정의 분위기 속에서 가정생활의 기쁨과 행복을 누린다.

가정이 따뜻하지 못하면 가정에서 사는 의미를 잃고, 다른 어떤 세상적인 큰 것을 얻는다 해도 큰 의미를 느끼지 못한다. 서로 희생하고 양보하는 생활에서 큰 기쁨과 행복을 느낀다.

어린애는 엄마의 무릎에서 자란다. 엄마의 무릎은 운동장보다 더 넓고 편안하다. 엄마의 표정에서 인생을 배우고 따뜻한 사랑을 배운다. 엄마 아빠의 표정을 보면서 그의 성격은 형성되고, 인내와 온유와 평화를 배운다. 엄마의 얼굴은 어린이가 따라 배우는 도덕 교과서이다.

엄마의 품은 이 세상에서 가장 따뜻한 곳이요, 생명의 샘이 흐르는 곳이다. 엄마 아빠는 아무리 힘이 들어도 힘들다 하지 않고, 아무리 궁핍하게 살아도 조금의 내색도 하지 않는다. 자식들만 잘 먹어준다면 자기들은 아무것을 먹어도 상관하지 않는다. 부모는 희생의 화신이요, 자식들을 위해서는 만난을 무릅쓴다. 아무리 슬퍼도 슬픔을 감추고, 아무리 기뻐도 그 기쁨을 속으로 삭인다.

도덕이란 인간이 늘 갖추고 있어야 할 무기다. 도덕은 악이 사람의 마음을 침범하지 못하도록 갖추고 있어야 할 무기다. 밭에 잡초가 더

자라기 전에 뿌려야 할 제초제와도 같다. 잡초가 무성해지면 그 잡초를 제거하기가 어려워진다.(蔓草猶不可除)

사람처럼 이상한 동물도 없어서 오늘은 이렇게도 되고, 내일은 저렇게도 된다. 오늘 착한 사람이 내일은 악한 사람이 된다. 사람은 한순간도 가만있지를 않으니, 어릴 적부터 도덕의 끄나풀로 잘 잡아매 놓아야 한다.

인간은 맨 처음 필요한 도덕을 가정에서 배운다. 어릴 적부터 잘 배우지 않으면, 언제 고삐 풀린 망아지가 되어 남새밭을 망칠지 모른다.

가정은 도덕의 학교다. 도덕의 학교에서 잘 배우지 않으면 세상을 어지럽히는 망나니가 된다. 가정에서 잘 배워야 세상에 나가서도 잘하는 사람이 된다.

남편과 아내는 가정의 중심이고, 가정은 세상의 중심이다. 남편과 아내가 가정의 중심에 확실하게 설 때, 가정은 튼튼한 가정이 되고, 가정이 튼튼할 때, 우리의 이웃과 나라가 튼튼해진다. 바른 이웃과 바른 사회는 올바른 가정으로부터 시작된다. 가정의 붕괴는 사회의 붕괴가 되고, 사회의 정화(精華)는 가정의 정화에서 시작된다.

엄마 아빠가 이 세상에서 가장 친한 사이인 것을 알 때, 자식들은 행복감을 느낀다. 자식들은 엄마 아빠의 다정한 모습에서 무한한 기쁨을 느끼고, 엄마 아빠와 같이 있는 시간보다 더 행복한 시간은 없다.

이 세상에서 우리 엄마보다 더 예쁜 사람은 없고, 우리 엄마보다 더 친근하고 다정한 사람은 없다. 엄마만 집에 있으면 밖에서 놀 때도 마음은 늘 구심력으로 안으로 끌리고, 엄마만 집에 있으면 아무리 어두운 날도 가정은 태양 빛이 찬란한 대낮처럼 밝은 곳이 된다.

엄마 아빠의 모범에서 세상을 사는 법도를 배우고, 엄마 아빠를 통해서 온유와 절제와 인내를 배운다.

가정은 도덕의 학교요 세상을 살아가는 지혜와 지식을 배우는 곳이다. 한 인간으로서의 인격도 가정에서 형성되고, 세상에 나가 싸울 힘도 가정에서 배운다. 가정은 이 세상에서 가장 아름다운 도덕의 학교다. 온 세상이 가정처럼 아름다운 도덕의 학교가 되기를 기원한다.

## 임계온도(臨界溫度)

임계온도란 임계점에 도달한 온도를 말하고, 임계점이란 물의 온도가 섭씨 99도에 이르렀을 때를 말한다. 섭씨 99도에서 1도만 더 올려주면 섭씨 100도가 되고, 섭씨 100도가 되면 물은 그때부터 끓기 시작한다.

물이란 물체는 섭씨 100도 이하에서는 아무리 가열해도 끓지 않으니 참 이상한 물질이다. 나도 이와 같아서 늘 하던 일에 만족하고, 그 이상의 새로운 일은 생각하지 않는다. 답답하기 이를 데 없지만, 그럴 능력이 없으니 어쩔 수가 없다.

어제의 일을 오늘도 하고, 오늘의 일을 내일도 하며 산다. 젊었을 때도 그렇게 살았고, 나이가 든 지금도 그렇게 하며 산다. 기상천외(奇想天外)의 일은 생각지도 못하고, 평범한 일에서 안심입명(安心立命)을 누리며 산다.

자식들 교육도 그렇게 하며 살았다. 그놈들을 잘 기르려는 욕심은 많았지만, 마음으로만 품고 살았지 겉으로는 나타내지 않았다. 매를 아끼면 자식들을 버린다고 하였지만, 매를 들지 않았고, 그저 가벼운 말로 잘하기를 기대하며 살았다. 성품이 모질지 못한지라 아무리 잘 되는 일이 있다 해도 혹독하게 해서 이루지는 않았다.

달리는 말에 가편 하지 말라 하였다. 달리는 말은 그대로 달리게 해야 한다. 성급한 마음에 매를 들면(走馬加鞭), 그 말은 정로(正路)에서 벗어나 딴 길로 이탈(離脫)해버린다.(走馬按脫) 부모의 욕심대로 자식들을 가르치려다가 자식들을 망치는 수가 많다. 잘 되고 못되고는 그놈들의 분복에 맡기고, 마음으로 깊이 지원하며 잘하게 해야 한다. 임계점을 넘겨 펄펄 끓는 물만을 볼 것이 아니요. 조용하지만 아무 탈 없이 힘을 길러 사는 것도 좋을 것이다. 그러다가 은연중에 비등점에라도 오르면 펄펄 끓는 요행을 누릴 수도 있을 것이다.

인간의 마음은 흐름 그대로 놔두면 무질서와 혼란에 빠진다. 마음처럼 변화무쌍한 것도 없다. 무질서와 혼란에 빠지지 않도록 옆에서 잘 거들어 주어야 한다. 그리고 사람된 도리와 하는 일에 책임을 다할 수 있게 해야 한다.

도광양회(韜光養晦)라는 말이 있다. 참 어려운 말이다. 몇 년 전에 중국에서 이 사자성어를 나라의 운영지표로 삼고 실천했던 일이 있었다. "빛을 감추고 어두운 데서 힘을 기르라."라는 뜻이다. 큰소리 지르고 하는 체한다고 해서 되는 것이 아니다. 깊은 뜻은 마음속에 숨기고, 힘을 길러 필요할 때 빛이 나게 해야 한다. 뜻이 크다 하여 그 뜻을 격한 감정으로 나타내려 하면, 되레 그 뜻이 딴 데로 빠져 잘못되는 수가 있다. 오늘날 중국은 힘을 길러 세계를 제패(制覇)하는 대국이 되었다.

나는 영원한 임계점에서 사는 평범한 임계인이다. 하는 일도 없으려니와 비등점으로 튀어 오를 힘도 없다. 어제가 오늘 같고, 내일도 오늘과 같은 것을 즐기며 살고 있다.

지난번에 냈던 책을 마지막 책으로 하겠다고 약속을 했지만, 지키지 못할 약속을 했다. 하루가 삼추(三秋)처럼 지루하게 느껴져서 다시 붓을 들었다. 하루에 조금씩 시간을 할애하여 다시 글을 쓰게 되니 새 생명을 얻은 듯 기쁨이 크다.

곡필(曲筆)하여 세상을 어지럽게 한 것도 아니고, 그냥 힘이 부쳐서 그런 것이다. 잠시 각필(閣筆)했다가 붓을 다시 든 것이다.

내가 다시 붓을 들어 이 책을 쓰게 된 것은, 내 글이 경천동지(驚天動地)할 위대한 명문대작(名文大作)의 글이어서가 아니다. 임계점에서 비등점으로 튀어 올라 세상을 놀라게 하고자 함도 아니다. 하루하루의 어두운 생활을 잊고자 함이요, 변함없이 밀려오는 하루하루에 대응을 하고자 함이다. 진부하기 이를 데 없는 글이지만, 나의 노년 인생의 하루하루를 구체적으로 편집하여 살고자 함이다.

타고난 것은 별것이 아니었지만, 갈고 다듬어 빛나는 것이 되기를 기원한다. 현재의 처지에 만족하며 사는 데서 기쁨과 행복을 느껴야 할 때가 온 것 같다. 내가 지금 산수(傘壽)의 고비를 넘겨서 살고 있는지라 그렇게 하는 것만이 가장 잘하는 일이라 느껴진다.

시간은 순간과 순간의 연속이다. 순간을 놓치는 것은 영원을 놓치는 것이다. 현재를 가장 알뜰하게 소유하는 자가 그의 인생을 가장 잘 유지하는 자가 된다.

현재의 나의 생활은 비생산적이고 소모적이다. 돈이라고는 한 푼도 벌어오지 못하고 그 전에 벌어놓았던 것을 조금씩 헐어서 먹고 사는 처지다. 집사람이 차려주는 세 끼의 밥에 의지하며 사는 고독한 삼식이의 신세다. 생명이 끝나는 날까지 지금 이대로에 잘 순응하며 살아야 한다. 다른 새로운 것을 꿈꾸어봤자 되지도 않는다. 임계점이 불편하지만, 죽은 듯이 조용히 살아야한다. 그런 가운데서도 몇 줄의 글이라도 쓰는 데서 하루의 의미를 찾으며 살아야한다.

손자, 손녀가 선교사업에 부름을 받아 외국에서 봉사하고 있다. 하나는 영국으로 갔고, 다른 하나는 호주로 갔다. 신발이 닳도록 그곳 땅을 누비며 뛰고 있다. 하늘의 원리를 끌어내려 그곳 사람들의 가슴을 뜨겁게 하고 있다. 나는 평생을 통해서 알아보려고 해도 알지 못하는 것을,

그놈들은 20대 초반인데도 어렵지도 않은 듯 벌써 깨우쳐 잘하고 있다.

나의 가슴 속에는 온갖 잡념과 허위가 가득 차 있다. 맑고 깨끗한 것이라고는 한 호리도 없다. 임계점을 박차고 비등점으로 뛰어야 푸른 하늘이 보이고, 인생 구원이 보일 것이지만 어찌하겠는가. 임계점에서 꿈틀거리고 있지만, 여기서라도 쉬지 않고 부지런히 움직이며 살 수 있기를 기원하며 이만 줄인다.

# 말 잘하기가 참 어렵다

작은 말 한마디로 토라져 며칠간 말을 않고 지내기도 한다. 말은 연금술사(鍊金術師)와도 같아서, 잘하면 빚도 탕감받지만, 잘못하면 큰 재앙이 되어 우리를 괴롭게 한다. 우리들 모두는 그런 경험을 수없이 겪으며 살아왔다.

그래서 이구동성(異口同聲)으로 말조심하며 살라고 하지만, 그 일처럼 어려운 일도 없다. 금석맹약(金石盟約)으로 다짐했다가도 지키지 못하고 무너지기가 일쑤이다.

다른 사람의 마음을 상하게 하면, 그 말이 되레 내 마음을 상하게 한다.(傷人之語 還是自傷) 입은 화가 들어오는 문이요, 혀는 내 몸을 자르는 칼이라(口是禍之門 舌是斬身刀) 하였다.

말은 한 번 입에서 나오면 다시 주워 담을 수가 없고, 말은 또 준족(駿足)처럼 빠른 속도를 가지고 있어서 일거에 천리만리를 치닫는다.

사람의 입처럼 개망나니도 없어서, 그대로 놔두었다간 걷잡을 수 없는 큰일을 저지른다. 잠시만 참으면 되는 것을 그간을 참지 못하여 별의별 이상한 말을 터뜨려 세상을 놀라게 한다. 말하기 전에 3번을 생각하라(一言三思)고 하지만 어렵기 그지없는 일이다.

말이란 그 사람의 인격이다. 그 사람의 말을 들어보면 그 사람의 사람됨을 알 수 있다 하여 하는 말이다. 잘하는 말은 듣기도 좋지만, 잘못하는 말은 듣기에도 사납다. 말 한 마디 잘못으로 친구 간이 잘못되고, 급기야는 양자 간의 관계가 단절되기도 한다.

사람의 언행은 수련을 통해 단련된다. 수련의 정도에 따라 무한히 높은 수련의 정도에까지 이른다. 잘 단련된 사람의 말은 비단결처럼 아름답고 어휘선택이나 표현방법이 남과도 다르다.

혀는 강철은 아니지만 사람을 벤다.(The tongue is not steel, yet it cuts.) 잘못된 말은 타인의 마음을 베고, 부메랑이 되어 돌아와 나의 마음을 벤다.

말은 내 몸의 무늬라 하였다.(言身之紋也) 말은 곧 나의 사람됨의 표현이어서 여러 형태의 무늬가 되어 나타난다. 말로써 새로운 믿음이 생기고 서로 의지하고 존경하는 마음도 생긴다.

비방(誹謗)의 혀만큼 무서운 칼날은 없다.(No sword bites so fiercely as an evil tongue.) 비방의 칼날은 벌의 독침보다도 훨씬 더 깊이 벤다. 비방의 글이나 말이 쏟아지면 아무리 강심장을 가진 사람도 견디지 못하고 무너진다.

막말은 하기는 수월하지만 잘못했다간 큰일이 일어난다. 말의 저속성 때문에 말을 한 자가 되레 크게 피해를 본다. 막말이 나오면 필연적으로 언쟁이 시작되고 언쟁은 급기야는 폭력으로 이어진다.

개와 원숭이는 천적이어서 만나면 물어뜯고 싸운다. 고부지간(姑婦之間)의 관계도 그와 같아서 시어머니에게 당하지 않고 사는 며느리는 없었다. 그러나 지금은 시어머니의 독설을 무한정 참고 견딜 며느리는 없다. 훗날 당할 것이 두려워 시어머니들이 꼬리를 내렸다.

상대방의 잘못을 고치려다가는 다른 화를 자초할 것인즉 조금 부족하더라도 만족하며 살아야 한다.

남편과 아내 사이도 무한정 좋은 사이는 아니다. 말 한마디에 토라지고, 싸우다가 잘못되면 별리(別離)의 길로 들어선다. 내가 원하는 바를 다 채우려고 해서는 안 된다. 조금 못 채우더라도 만족하며 살아야 한다.(志不可滿)

죄를 미워하고 사람을 미워하지 말라 하였다.(Hate no one, hate his vice, not himself.) 사람을 미워하지 않으면 그가 저지른 죄를 이해하고 용서하게 된다. 다른 사람의 말을 헐뜯기만 할 것이 아니요, 그렇게 말한 사정을 먼저 알아보아야 한다.

원증회고(怨憎會苦)라는 말이 있다. 원망하고, 미워하고, 뉘우칠 일을 하면 그것이 나에게 돌아와 나를 고통스럽게 한다는 뜻이다. 남을 원망하지 말고, 미워하지 말고, 뉘우칠 일은 자주 해서는 안 된다.

선은 선으로 보응을 받고 악은 악으로 보응을 받는다. 남의 잘못을 들추어 올리지 말고, 잘못도 귀감(龜鑑)삼으면 나에게 크게 유익이 될 것이다.

하는 일에 진실성이 없으면 실패한다. 증오의 칼날보다 더 무서운 것은 없다. 부모의 대(代)의 증오가 자식의 대로 이어진다. 증오는 분쟁을 일으키고, 서로 편을 갈라 싸우고, 나라와 나라 사이에도 죽기 아니면 살기로 싸운다.

그간 나도 잘못한 일이 많았다. 조용히 눈을 감으면 주마등처럼 스친다. 내가 말을 잘못하여 여러 사람들을 힘들게 했다. 지금은 많은 사람들이 산으로 가고 없지만, 살아 있으면 밤낮으로 나에게 총질을 할 것이다.

용서가 가장 큰 복수가 된다 하였다. 용서해주면 감사한 마음에 어찌할 줄을 모르고, 잠을 못 이루고 감사의 눈물을 쏟아낼 것이다.

해기분(解其紛)이라는 말이 있다. 얽힌 것이 있으면 풀으라는 뜻이다. 조용히 생각해보니 나도 얽힌 것이 많다. 그러나 지금 얽히면 안 된다. 지금 얽히면 풀고 갈 시간이 없기 때문이다.

인간관계만큼 복잡하고 중요한 관계는 없다. 말로 시작해서 말로 끝나면 되지만, 다른 나쁜 관계로 이어지면 다른 불행을 겪는다.

중국의 속담에 "바다와 같은 넓은 마음속에는 복수심이 깃들일 수가 없다."고 하였다. 기탄산야(氣呑山野)의 대기(大氣)를 품고 살면 허심탄회(虛心坦懷)한 마음으로 살 수 있다 하여 하는 말이다.

말처럼 무서운 힘을 가진 것은 없다. 잘하면 우리의 생활을 부드럽고 윤택하게 하지만, 잘못하면 큰 재앙이 되어 우리의 관계를 악화시킨다.

말의 순화에 조금씩 노력하며 살면 세상도 조금씩 좋아져서 살기 좋은 세상이 될 것이다.

## 사망기사(死亡記事)

영국의 유명한 작가 찰스 디킨스(Charles Dickens)가 쓴 작품 중에 '크리스마스 캐럴'이라는 작품이 있다. 이 작품의 주인공은 에벤에저 스크루지(Ebeneze Scrooge)라는 사람으로 욕심이 많은 이름난 수전노였다. 그러다 보니 사무실은 추운 겨울인데도 불기라고는 거의 없고, 전등불은 희미해서 글씨가 겨우 보일 정도였다.

크리스마스 전날에 자기 조카가 내일은 크리스마스이니 하루를 쉬겠노라고 했다가 큰 망신을 당하고 만다. 크리스마스는 시간 낭비인 데다 돈의 낭비요, 게다가 불필요하게 정력까지 낭비하는 것이 되는 것이니, 그런 부질없는 짓을 무엇 때문에 하느냐고 크게 나무란다. 그래도 하루를 쉬고 싶으면 월급에서 하루 분을 공제할 터이니  그리 알라고 말할 만큼 지독한 구두쇠였다.

그런데 그날 밤 그가 곤히 잠들어 있을 때, 7년 전에 죽은 제이콥 말리(Jacob Marley)라는 동업자가 꿈에 나타난다. 말리가 자기를 따라 오라고 하기에 그렇게 했더니, 과거, 현재, 미래의 세 유령에게 그를 인계하고는 사라져 버렸다.

맨 먼저 '과거'유령의 안내를 받아 그가 맨 처음 방문한 곳은, 크리스마스를 아주 즐겁게 보내고 있는 자기의 직원 밥 크래칫(Bob Cratchit)

의 집과 어느 광부의 집이었다. 그들의 가족은 여족한 살림은 아니었지만 즐거운 캐럴을 부르고, 맛있는 푸딩을 먹으며 크리스마스 이브를 아주 즐겁게 보내고 있는 것을 발견했다.

삶은 오리의 가슴을 열자 그 속에 채워 넣은 맛있는 음식들이 쏟아져 나왔다. 즐거운 함성으로 온 가족이 "오 하나님! 메리 크리스마스."를 외치며 모든 감사를 하나님께 돌렸다. 온 가족이 하나가 되어 즐거운 크리스마스를 보내고 있는 것을 보고서, 자기의 생각이 얼마나 잘못되어 있는가를 생각하게 된다.

두 번째로, '현재'라는 유령을 따라 어느 집을 방문했더니, 그 집의 채권자가 죽은 것에 온 가족이 환성을 지르며 기뻐하는 모습을 보게 된다. 채무를 1주일간만 연기해달라고 찾아갔다가 그가 죽은 것을 보고 크게 감사해 하는 중이었다.

그가 얼마나 모진 사람이었던지 우선은 그날 밤만이라도 마음 놓고 편안하게 잘 수 있는 것에 크게 감사했다. 스크루지 자신도 지금까지 돈으로 다른 사람들을 괴롭혀 왔으니 자기에 대한 그들의 감정이 어떠했는지를 생각해보는 좋은 기회가 되었다.

마지막으로 찾아간 '미래'의 유령은 스크루지를 어느 교회의 뜰로 인도하여, 많은 무덤 중에 한 무덤을 가리키며, "이 무덤이 바로 다름 아닌 스크루지 너 자신의 무덤이다"라고 했다. 그런데 그 무덤 앞에는 묘비가 세워져 있고, 그 묘비에는 그간의 그의 나쁜 행적이 새겨져 있는 것이었다.

그것을 본 그는 유령 앞에 무릎을 꿇고 "제발 나를 살려주시오. 내 앞으로는 이렇게 살지 않을 것이며 닥쳐오는 미래에는 지금과는 전혀 다른 사람이 되어 살겠소. 크리스마스도 잘 지킬 것이며 당신이 보여준 나의 과거, 현재, 미래를 거울삼아 잘 살겠소. 제발 내 청을 들어주시오. 이 묘비에 새겨진 비문을 지을 수 있도록 해주시오"라고 그 유령의 손을 잡고 애원했다. 그러다가 눈을 떠보니 그 유령은 온데간데없이 사라지고, 자기는 침상에서 잠을 자고 있는 것을 발견한다.

지금까지의 모든 일은 꿈속에서 일어난 일로 자기의 모든 행적을 나타내는 내용이다. 크게 자책한 나머지 한없이 흐느껴 울다 보니 그의 얼굴은 눈물로 범벅이 된다. 창 쪽으로 달려가 창문을 여니 밖에는 안개도 없는 화창한 날씨에 상쾌한 공기, 황금빛 찬란한 태양, 거룩해 보이는 하늘, 즐거운 교회의 종소리가 들려오지 않는가.

"오늘이 무슨 날이냐?"라고 물으니 "크리스마스 날"이라고 한 소년이 대답한다. 얼마 후에 스크루지는 자기 조카에게 "메리 크리스마스"를 기원하고자 그의 집으로 간다. 그리고 자기 동료 직원인 밥 크래칫(Bob Cratchit)에게는 큰 칠면조를 보낸다. 아직 죽지 않은 타이니 팀(Tiny Tim)에게는 제2의 아버지가 될 것을 결심한다.

이 작품은 오래전부터 많이 읽힌 작품으로, 연말이 되면 이 작품의 내용을 머리에 떠올리며, 지난 1년간의 자기의 행적을 돌아보고 앞으로는 어떻게 살아야 할 것인가를 생각해보는 시간을 갖기도 한다.

묘비는 살아생전에 세우는 일도 더러 있지만, 대개는 죽은 후에 그의 후손들이나 그를 기리는 사람들이 그의 공적이나 덕을 기리고자 하여 세우는 것이 보통이다. 이름난 시인은 시비를 세워 그를 기려주고, 나와 같은 수필가는 수필비를 세워 기려줌직도 하다.(하하하...) 그러나 수필을 쓴답시고 쓸데없는 글귀로 세인의 마음을 어지럽히고, 괜히 지가(紙價)만 올려 시정(市井)의 시세를 어지럽히기도 하니, 그런 부질없는 생각일랑 아예 접는 것이 좋을 것 같다. 세상일 중에는 소망한다고 다 이루어지는 것은 아니지만, 소망이 자유인 바에야 한 번쯤은 누구나 이런 허상(虛想)에 젖음직도 하다.

옛말에 표사유피(豹死留皮)라는 말이 있다. 표범은 죽어서 가죽을 남긴다는 말로, 사람은 죽어서 이름을 남긴다(人死留名)는 말과 같은 뜻으로 쓰인다. 사람이 세상을 살 때 부질없이 세월이나 축내며 살 것이 아니요, 살아생전에 하는 일에 진력하며 살면 훗날에 이름도 얻고 만인의 귀감이 되어 일거양득(一擧兩得)의 수(收)를 거둘 수 있을 것이다.

우리집 부친이 구순을 넘기셨는데도 향수(享壽)를 누리다 가셨다, 살아생전에 노인당 일에 전력하신지라 면민들이 이를 높이 기리어, 노인당 안뜰에 부친의 공적비를 세워 공적을 기리고 있다. 모진 풍상우(風霜雨)를 이겨내기가 힘들지만 이 비석에 새겨진 음각의 글귀는 오래 남아 그분을 기리게 하며, 어쩌다가 그 뒤를 지나는 새들도 그냥 지나치는 일이 없이 분뇨라도 깔겨 지나는 정을 남기며 갈 것이다.

노방(路傍)에 서 있는 비석은 오가는 사람들의 눈길을 끌기에 좋지만, 인적이 드문 한적한 곳에 세워진 비석은 아무도 보아줄 사람이 없어, 그저 동록(銅綠)처럼 파란 이끼만이 그간 흐른 세월의 흔적을 말해줄 것이다.

연산군의 박해로 피범벅이 된 홍 언충(洪彦忠)이 유배길에 오르게 되었다. 유배를 당하면 으레 사약을 내려 죽이는 것이 당시의 관행이었던지라, 사약사자(死藥使者)가 자기의 뒤를 뒤쫓아 올 것을 대비하여, 미리서 자기 무덤에 세울 묘비명(墓碑銘)을 지어두었다. “대명 천하 햇빛이 비치는 나라에 태어난 남자, 그 성은 홍이요 이름은 언충이라, 반평생에 우활(迂闊)하고 옹졸했음은 학문의 공이다. 32세에 세상을 마치니 명은 어찌 그리도 짧으며 뜻은 어찌 그리도 길고... 옛 고을 무림에 무덤을 정하니 천추만세 뒤에 누가 이 들판을 지날는지, 이곳을 가리켜 배회하며 슬퍼할 사람이 있을지라.”라고 썼다.

뜻이 긴데도 뜻을 펼치지 못하고 반생도 못살고 요절한 한 맺힌 사망기사다. 학문만을 했던지라 옹졸하기 그지없고, 술수에 능하지 못한지라 그런 죽음을 피하지 못하고 갔지만, 천추에 남을 장부의 기개가 서린 사망기사다.

퇴계 이 황(李滉) 선생은 "나는 나면서부터 치(痴: 어리석음)였고, 커서는 다병(多病)했다. 중년에는 어쩌다 학문을 즐겼고 늙어서는 어쩌다가 벼슬에 올랐는고, 학문은 구할수록 멀고 벼슬은 사양할수록 얽혀들었다. 근심 속에도 낙이 있고 즐거움 속에도 근심이 있었지만, 조화(造化)를 따라 사라짐이니 다시 뭣을 구하리오."라고 썼다.

사망기사치고는 허심탄회하고 솔직해서 읽기가 좋다. 한평생을 부끄럼 없이 살다간 분이라 이 정도의 글은 내놓을만해서 좋지만, 나 같은 사람은 우선은 사람됨부터 못 미치는 터라 부끄러움이 앞선다. 그저 우직하게 열심히 살았노라고 하거나, 아니면 할 말은 많으나 할 말이 없으니, 그저 백면(白面)으로 남겨달라고 할 도리밖에 없을 것 같다.

사람이 이 세상을 살아갈 때는 우선은 생계(生計)가 있어야 하고 살다가 늙으면 노계(老計)가 있어야 하고, 그러다가 죽으면 사계(死計)가 있어야 할 것이다. 사람이 죽게 되면 죽은 뒤의 일이라 하여 소홀히 하기가 쉽지만, 죽은 뒤까지를 생각하며 살면, 우리를 따라오는 사람들이 보고 따라오기에 좋을 것이다.

우리가 알고 있는 말 중에 "깨는 자 없을 수 없고(烈之者不可無), 주워 담는 자 없을 수 없다."(拾之者不可無)는 말이 있다. 깨는 자가 없으면 주워 담는 자도 없을 것이지만, 이 세상에는 깨는 자가 있는가 하면 주워 담는 자 또한 있기 마련이다. 깨기만 하고 주워 담지를 않으면 영원히 버려진 상태로 남아있게 된다. 악을 행하였으되 이를 고쳐 행하지 않고 그대로 놔두면, 영원한 악으로 남아 우리를 괴롭힐 것이다.

선과 악은 본체와 그림자처럼 서로 맞물려 돌아간다. 악이 존재하지 않으면 선도 또한 존재하지 않을 것이어서, 악이야말로 선의 유일한 존재 이유가 된다. 악인의 행사에 참여하거나 다른 사람이 하는 일을 깨볼 생각을 하면 종래에는 자기가 깨지는 불행을 겪게 될 것이다.

어떤 것이 잘못되었을 때 이를 고쳐 행하면 거기서 오는 기쁨 또한 클 것이다.

*　　　*

자기의 사망기사를 자기가 써놓고 가게 되면, 대개가 미문여구(美文麗句)를 동원해서 씀직도 하지만, 뒷날 사람들이 이를 보고 비웃기라도 하면, 이보다 더 창피스러운 일도 없을 것이다. 내 모습은 이미 다른 사람들의 가슴에 비춰져 있을 터인즉, 그들의 가슴에 투영된 나의 모습이 참모습일 것 같아, 뒷사람들에게 이를 일임하는 것이 되레 좋을 것이다.

비석의 비문은 좋은 사람들의 것만 새길 것이 아니요, 나쁜 사람들의 것을 더 많이 새겨서, 후인들을 경각케하는 계기로 삼으면 좋을 것 같다.

스크루지처럼 자기가 행하고 있는 일이 어떤 일인지도 모르고 살다가, 비석에 새겨진 자기의 나쁜 행적을 보고서야 살려달라고 애원하는 모습에서 처절한 비애와 만시지탄의 우(遇)를 보는 듯하다. 평소 열심히 그리고 바르게 살다 가면, 훗날 두려워할 것도 없이 가장 잘 사는 것이 될 것이다. 이 글은 '人間時代' 통권 제68호에 게재된 글이다.

## 제3부

# 深根達枝
(심 근 달 지)

**뿌리가 깊어야 빨아들인 수액이 가지에까지 이른다**

뿌리가 깊으면 가뭄에도 가지는 말라 죽지 않는다. 가지는 많아도 하나의 뿌리로 귀결되고, 자손은 많아도 한 조상으로 이어진다. 가지가 무성한 것은 뿌리가 깊기 때문이요, 잎사귀가 무성한 것도 뿌리가 깊기 때문이다.(根深茂葉)

꽃병의 꽃이 금세 시드는 것은 뿌리가 없기 때문이다. 일천 개의 가지와 일만 개의 잎사귀도 한 뿌리와 줄기로 이어진다.(千枝萬葉 一根喬木)

## 사모곡(思母曲)

석문산(石門山) 양지바른 선산(先山)의 한쪽을 차지하여 누워 계시는 어머님은 이제 소연(騷然)한 세상사로부터 벗어나 영면(永眠)을 누리고 계신다.

살아생전에 그 지독한 병마와 싸우셨던 10여년의 세월이 얼마나 지독스러운 세월이었는지는 당신만이 아시는 일이다. 이쪽으로 누워도 편치 않고 저쪽으로 고쳐 누워도 편치 않으셨고, 24시간 하루 종일 이리저리 되작거리며 사셨으니, 인고(忍苦)도 이렇게 지독한 인고는 없으셨다. 순간순간 사르르 잠이 이어지기는 해도 깨어나면 또 고통으로 이어지니, 가눌 길 없는 이 고통이 하루 이틀이면 몰라도 10여년의 세월을 그렇게 사셨으니, 사신 것이 아니요, 고통과 싸우는 삶이셨다. 지지리도 못된 운명이라 해도, 사람이 사는 인생 말로가 이렇게 지독한 것이라면, 이 세상을 살다 가겠다고 자청할 사람이 아무도 없을 것이다. 찾아가 뵐 때마다, 모진 생명이 어찌나 지겨우시던지, 죽고 싶다고 몇 번이고 뇌이셨지만, 인생사 중에 그 일만은 맘대로 못 하는 일이 아닌가 싶다.

편안하게 살다 감이 우리 모두의 욕원(欲願)이지만, 사람에 따라 겪는 고통도 가지가지다, 마지막 가는 길이 너무 힘들어 이를 피해 보려 해도 피할 길이 없으니 인간의 생명처럼 모질고 가혹한 것도 없다.

옛날에는 인간 70이 고래희(古來稀)라 하여 70까지 살기가 어렵다고 하지만, 어머님께서는 90에 가까운 수(壽)를 누리셨으니, 마지막 10여 년의 질고(疾苦)만 아니었으면 그런대로 편한 수를 누리다 가셨을 것이다.

하루가 24시간이고 1년이 365일인데 10년이면 3650일이라는 길고 긴 세월을 그렇게 모진 신산(辛酸)을 겪으며 사셨으니, 아무리 잘 모신다 해도 마음에 들지 않으셨을 것이다. 장병 중(長病中)에 효자 없다는 옛말은 우리를 두고 하는 말 같아 부끄러운 생각이 든다.

처음에는 단장(短杖)을 짚고 동네 길을 오르내리시더니, 기력이 점점 쇠진하여 방안에 몸져눕게 되시면서는 변소길이 점점 어렵게 되셨다. 변기를 광에 놔두고 대소변을 봐오셨지만, 누었다가 일어나는 일이 쉬운 일이 아니요, 광문을 열고 나가 그 일을 치르는 일이 또한 쉬운 일이 아니었다.

그 어려운 뒷바라지를 아버님께서 손수 하셨지만, 아버님도 90노수(老壽)를 살고 계셔서 당신 몸을 가누기도 어려우신데, 그 일을 감내(堪耐)하시기가 무척 어려우신데도 그 일을 잘 해내셨다. 때로는 정신분열에 가까운 짜증을 내실 때도 있으셨으니 당하는 분의 마음이 어떠했는지 짐작이 간다.

노인들의 방일수록 유향(幽香)이 은은해서 살기에 쾌적한 곳이어야 함에도, 대소변 뒤처리가 잘못되면, 고약한 냄새가 방안에 차 있기 마련이다. 불시에 손님이 찾아올세라 아버님께서 쓸고 닦는 일에 게을리 하지 않으셨지만, 노인이 하시는 일이라 여의(餘意)할 리가 없었다. 오랜만에 찾아간 자식놈들도 잠자리를 같이하려 하지 않았으니, 늘 그런 속에서 사시는 두 분에게는 서운하기 그지없는 일이었을 것이다. 불원 우리도 당할 일인데도 한 치의 앞도 보지 못하고 우선 편한 것만을 생각하며 살기가 일쑤이다.

10여년의 아내 수발의 공을 기리어 표창도 받으셨으니 참으로 잘하셨다는 생각이 들지만, 자식들에게는 무거운 채찍처럼 느껴진다.

요족(饒足)치 못한 가운데서도 구남매(九男妹)를 고이 길러 내셨고, 유독 나에게는 높은 학문을 배우게 하셔서 교수직까지도 하게 하시고, 나머지 놈들도 아무 탈 없이 잘 가르쳐 각득공처(各得共霎)하게 하셨으니 참으로 감사하고 감사할 일이다. 살아 계실 때는 모시는 일이 힘들다 하여 서로 기피하려 하더니만, 이제 가시고 안 계시니 늘 죄스러운 마음에 고개가 숙어질 뿐이다.

피골이 상접하여 살을 잡아보려 해도 잡히지 않고, 깊숙이 들이박힌 안구(眼球)에 별빛처럼 눈빛이 빛나지만, 때로는 의식이 가물가물하여 하루에도 몇 차례 이승과 저승을 오르내리셨다. 가서 손목을 잡으면 전에는 눈물을 글썽이며 맞이하시더니, 이제는 누가 왔는지도 알아보지 못하시니, 속절없이 한바탕 살다가는 인생이 야속하기만 하다.

삶의 영욕(榮辱)이 무엇이며, 이해득실에 얽혀 아귀다툼을 함이 또한 무엇이랴, 한 벌의 수의(壽衣)와 네모 나무관을 유택(幽宅)으로 삼아 한 평 남짓한 땅에 묻히면, 그게 고작 인생의 최후인데, 이렇게 어지럽게 살려고들 하니 사람들의 일이란 알고도 모를 일이다.

죽은 뒤에 왕후장상(王侯將相)이 무슨 소용이 있으며, 잘 먹고 잘살았다는 회억(回憶)이 무슨 소용이 있는가. 꽃상여에 호곡(號哭)을 받으면서 떠나가는 행렬이 길다 하여 좋아할지 모르지만, 눈감으면 모두가 허망한 꿈이요 물거품이 아닌가?

어머님을 마을 옆 산 산록(山麓)에 묻고 돌아설 때는 정신이 멍멍하여 아무것도 몰랐지만, 살아 계실 때, 잘 모시지 못한 죄스러움이 가슴에 통한(痛恨)으로 저밀 뿐이다.

어머님 타계하신 지 어언 20여성상(星霜)에 이르지만, 사모(思母)의 정은 날로 깊어 잊을 길이 없다. 아들놈이 미국에서 박사학위를 따온 것도 알려드려야 할 것 같아 아들놈을 데리고 어머님 묘소를 찾았다. 그간 베풀어주신 은덕으로 그런 대성(大成)을 거두었고, 지금도 구천(九天)을 나시며 행여나 잘못 사는 놈이 없나 하여 늘 보살피시고 계시는 어머님에게 그 공을 돌려드려야 할 것 같다.

그간 묘 등에 풀도 많이 자라나 있었고, 장대처럼 키가 큰 쑥대며 억새들이 듬성듬성 사라나 마치 쥐어뜯긴 머리처럼 보기가 흉하더니만, 맨손이 따갑도록 다 뜯어내고 나니 잘 조발(調髮)한 머리처럼 보기에도 좋았다.

유명(幽明)을 달리하면 마음도 떠난다지만, 어머니에게 끌리는 마음은 갈수록 더해가고, 그간 다하지 못한 마음을 이제라도 갚아보려 하지만 아무 소용없는 일이다.

평소 단아한 법도를 익히며 사신지라 몸매도 단아하시고, 그 나이면 노태로 얼룩져 있으련만 그렇지도 않고 깨끗하셨으니, 마음이 깨끗하면 그 빛이 밖으로 새어 나와 얼굴도 그렇게 깨끗하신가 보다.

어머님이 베푸신 사랑은 천추(千秋)를 거듭해도 빛날 것이고, 은발에 묻혀 죽음과 모진 싸움을 벌이고 계셨어도, 그 여덕(餘德)이 훌륭하여 그 모습에 한 가닥의 선미(禪味)가 흐르는 듯했다.

행여 어느 놈이 서운할세라 콩이며, 깨며, 고추며, 마늘이며 골고루 싸서 나누어 주시고, 아무렇게나 살지 말고, 착실하게 잘 살라는 당부의 말씀을 지금도 여음(餘音)으로 우리들의 귀가 쟁쟁하다.

옛날 같으면 아침저녁으로 상식(上食)을 올리며 곡성(哭聲)을 내어 생전의 은덕을 기렸지만, 요즘이야 가시면 끝나니 세상이 변해도 사뭇 많이 변했다. 인세(人世)는 날로 삭막해가니 어머니가 우리의 고향이라는 말이 귀에 설기만 하다.

"하늘이 무너지고 땅덩어리가 갈라지는 한이 있더라도, 목숨이 끊어지는 순간까지 변하지 않는 것은 자애(慈愛)가 있을 뿐이다."라고 심훈(沈熏)씨는 그의 작품 '불사조'(不死鳥)에서 어머니를 불사조처럼 예찬했다.

머리를 잘라 팔아서 자식을 위하는 어머니의 정성을 삭발모정(削髮母情)이라는 말로 표현했고, 지녀막녀모(知女莫女母)라 하여 딸을 아는데 그 어머니만한 이가 없다는 말로 모정의 지극함을 표현하기도 했다.

아들딸들이 가끔 방문하여 목욕을 시켜드리고, 머리도 감겨드리고, 손톱과 발톱을 잘라드리고, 새 옷을 갈아입히시면 시원하다 하여 그렇게 좋아하셨는데도, 각자도생(各自圖生)으로 살길이 바빠 그 일도 자주 못해드렸으니 세상사 다 그러는 것인가 보다.

나도 나이가 찰 대로 찬지라 춘광(春光)이 화사한 계절은 아니고, 전적으로 잿빛 계절에 잿빛 인생을 살고 있으니 한 줄기 황량(荒涼)한 애수(哀愁)를 금할 길 없고, 속절없이 살다 가려 해도 그러지 못하고 시드는 인생이 그저 수수(愁愁)로울 뿐이다.

* *

그간의 시름 다 접으시고 구천을 훨훨 나소서, 산새 소리가 아름다우면 그 소리를 들으시고, 바람 소리가 나뭇잎에 닿으면 그 소리도 들으시고, 철 따라 꽃이 피면 꽃도 보시고, 산야에 홍엽(紅葉)들이 흩날리면, 가을의 정취를 느끼시고, 눈발이 날리면 눈발 따라 저희들 집에 오셔서 쉬었다 가시고, 잘못한 점이 있으면 호되게 꾸짖어 바로잡아 살게 하소서, 어머님의 손을 놓고 돌아설 때는 부엉새도 울고 나도 울었나이다.

선산의 조상님들의 묘가 훼손이 심하여 이번에 개묘(改墓)를 하였습니다. 큰집의 대경, 태환, 상준 삼형제와 작은집의 양수, 창언, 현호 삼형제가 뜻을 합하여 다시는 손보지 않아도 될 만큼 완전한 묘가 되게 하였습니다. 그놈들 참 기특하지요?

모진 풍상우와 긴 세월의 흐름에도 끄떡도 하지 않는 좋은 유택(幽宅)이 되었습니다. 생전에 베풀어주신 어머님의 은혜를 잊지 않고자 이 글을 써서 어머님 전에 바칩니다. 이제 세상의 번우(煩憂)한 일들은 다 잊으시고 만세 무궁 영면에 드시기를 기원하면서 이만 줄입니다.

## 바람과 사람

바람은 불어오는 방향에 따라 그 이름이 달라진다. 동에서 불면 동풍이고, 서에서 불면 서풍이다. 남에서 불면 남풍이고 북에서 불면 북풍이다.

바람이 약하면 세풍(細風) 또는 미풍(微風)이고, 빠르고 세차게 불면 질풍 또는 강풍이고, 힘이 강하고 맹렬한 기세로 불어오면 태풍이라고 한다. 봄에 불면 춘풍, 가을에 불면 추풍이다. 여름에는 태풍이 몰려오고, 겨울에는 설한풍(雪寒風)이나 삭풍(朔風)이 분다.

봄에는 푸른 싹들이 돋고, 여름에는 온 산야가 녹엽(綠葉)으로 물든다. 가을의 홍엽(紅葉)은 낙엽이 되어 떨어지고, 겨울에는 나목(裸木)으로 남아 긴 겨울을 난다. 모두가 바람 때문이다.

봄에는 실버들이 춘풍에 나부끼고, 여름에는 태풍이 비를 몰고 와 홍수가 난다. 가을에는 양풍(涼風)이 불어와 나뭇잎을 홍의(紅衣)로 단장하고, 겨울에는 찬바람이 불어와 낙목한천(落木寒天)이 된다.

셰익스피어는 아무리 바람이 차도 은혜 모르는 자보다는 낫다고 하였고, 팔만대장경에서는 빠르게 부는 바람은 무섭고 번뇌를 일으킨다 하였다. J. 콘래드는 여름 태풍의 혓바닥이 램프의 불꽃을 핥아 없애버렸다 하였고, 갈고록(羯鼓錄)에는 가을바람에 나뭇잎이 우수수 떨어지고, 푸른 달빛이 사창(紗窓)으로 스며든다 하였다.

사람마다 좋아하는 계절이 달라, 어떤 사람은 상춘곡(賞春曲)을 지어 봄을 노래하고, 어떤 사람은 가을을 좋아하여 추성부(秋聲賦)를 지어 가을을 노래한다.

간밤에 불던 바람이 낙락장송(落落長松)을 뽑아 눕혔고, 겨울 한풍에 불기 없는 방바닥이 더 싸늘해졌다고 했다.

꽃이 피려면 꽃바람이 불고, 비바람이 불어와 비를 내리고, 가을 햇볕으로 곡식이 익고, 겨울의 찬바람으로 온갖 미물들이 깊은 동면(冬眠)에 든다.

봄에는 훈풍(薰風)을 따라 제비들이 돌아오고, 여름에는 세찬 비바람에 천지가 요란하고, 가을에는 추풍낙엽 속에 한상(閑想)에 젖고, 겨울에는 흩날리는 눈송이에서 고향의 그리움에 젖는다.

사람의 가슴 속에 바람이 일면 가족을 팽개치고 도망친다. 남편이 바람이 나면 아내를 저버리고, 아내가 바람이 나면 남편을 저버린다. 질풍노도(疾風怒濤)는 잠시 왔다 가지만, 사람의 가슴 속에 인 바람은 아무리 꺼도 꺼지지 않는다.

사람은 4철의 변화 속에서 살다가 언젠가는 간다. 철 따라 부는 바람에서 사철이 오가는 것을 느낀다. 화풍난양(和風暖陽)에 꽃이 피고 새가 울고 봉접(蜂蝶)이 나는 것을 느낀다. 한 줄기 바람으로 땀을 식히고, 가벼운 양풍(涼風)으로 여름에 지친 몸을 식힌다. 바람이 불되 그냥 부는 것이 아니다. 삼라만상(森羅萬象)이 움이 터서 자라게 하고 곡식들이 익어 결실을 맺게 한다.

산들바람이 불면 아내와 벗하여 걷기에 좋고, 꽃향이 짙은 계절이면 화향(花香)에 취해 어디론가 간다.

바람은 향기를 실어오고 온갖 음향을 실어온다. 봄에는 봄 향기를 실어오고, 가을에는 가을 향기를 실어온다. 바람은 벌, 나비의 날갯짓 소리를 실어오고, 오곡백과의 익어가는 소리를 실어온다. 바람은 꽃잎이 피어오르는 소리를 실어오고, 낙엽이 지는 소리를 실어온다.

바람은 할머니의 옛이야기를 실어오고, 구름이 나는 소리를 실어온다. 바람은 황국(黃菊)의 오상고절(傲霜孤節)을 실어오고, 겨울의 한사(寒士)가 피어오르는 소리를 실어온다. 바람은 이 세상 모든 것을 흔들고 지나간다. 세상 모든 것에 닿아 어루만지고 지나간다. 꽃봉오리를 어루만져 꽃이 피게 하고, 청과(靑果)를 어루만져 홍과(紅果)가 되게 한다. 곡식을 어루만져 곡식이 익게 하고, 녹엽(綠葉)을 어루만져 홍엽(紅葉)이 되게 한다.

나무가 그냥 있고자 하되 바람이 그냥 놔두지 않고(樹欲靜而 風不止), 아들이 부모를 봉양하고자 하되 부모가 기다려주지 않는다.(子欲養而 親不待)

바람과 사람, 사람과 바람은 서로 하나가 되어 흐른다. 바람 속에 사람이 흐르고 사람 속에 바람이 흐른다.

바람은 어머니 손길처럼 부드럽고 따뜻하지만, 화가 나면 부수고 파괴하는 폭군이 된다. 바람과 화친하여 살고, 바람 소리를 벗하여 독서매경(讀書昧境)에 빠지면 이보다 더 좋은 것도 없을 듯하다.

## 명경지수(明鏡止水)

명경이란 맑은 거울을 말하고, 지수란 고요한 물을 말한다. 맑고 조용한 심경(心境)을 말할 때 쓰인다. 잡념이나 허욕이 없는 맑고 깨끗한 마음을 말한다.

글의 제목을 명경지수로 정하고 글을 쓰려 하니 잘 써지지 않는다. 이전에 낸 책에서 이와 유사한 내용의 글을 많이 썼기 때문이다. 샘물도 고갈되면 더 이상 퍼낼 물이 없듯이 나도 어찌나 많이 퍼냈던지 퍼낼 것이 없다.

언젠가 사촌 동생의 집에 갔더니 해불양수(海不讓水)라는 글귀가 그림에 넣어 쓰여 있었다. 그것도 현관의 맨 앞 벽의 큰 그림 속에 쓰여 있었다. 무슨 뜻인지 아느냐고 물었더니 안다고 했다. 바닷물은 밖에서 들어오는 모든 물을 밀어내지(讓步) 않고 다 받아들인다는 뜻이다. 저 글귀가 평소에 자기가 가지고 있었던 생각과도 같다고 했다. 저 그림을 그린 사람과는 어떤 관계냐고 물었더니 평소에 잘 알고 지내는 친구 사이라고 했다. 평소 상대방의 성격을 잘 아는지라, 그에 맞는 글귀를 그림에 써넣어 선물한 것이라는 생각이 든다.

바다 밖에서 들어오는 물은 온갖 종류의 물이 다 들어온다, 온갖 오폐수(汚廢水)가 다 들어와도 밀어내는 일이 없이 다 받아들여 처음의 맑은 상태를 그대로 유지한다.

동생의 성품이 호방하여 대인관계가 원만하고, 사리판단이 좋은지라 일 처리가 완벽하였다. 그런 성품을 잘 알고 있었던 친구가 그 성품에 맞는 해불양수라는 글귀를 그림에 넣어 그린 것 같다.

내가 지금껏 80평생의 고비를 넘기며 살았지만, 제일 다스리기 힘든 것이 바로 이놈의 마음이다. 어찌나 변화무쌍하던지 종잡을 수가 없다. 어제의 마음이 오늘의 것이 아니고, 얼마 전에 약속했던 금석맹약(金石盟約)도 곧 풀어져 부질없는 허약(虛約)이 된다. 우리의 마음속에는 미친 도깨비가 들어 있어서, 마음대로 춤추고 다니며 마음을 휘젓고 다닌다. 맑은 명경처럼 마음을 맑게 유지하고, 고요한 물처럼 흔들림 없이 잘 유지하라 하지만 잘되지 않는다.

절(寺)에 가서 보면 내실에는 수세식 변소가 설치되어 있을 터이지만, 그곳에 찾아오는 많은 손님들을 위해서는 본전(本殿)에서 좀 떨어진 곳에 재래식 변소가 그대로 남아 있다. 그런데 그 변소에는 '변소'라고 쓰인 간판이 붙여 있는 것이 아니고, '해우소'(解憂所)라는 간판이 붙여져 있다. 해석하면 '근심을 푸는 곳'이라는 뜻이다.

그런데 그렇게 쭈그리고 앉아서 변을 보는 시간이 잠시지만. 그 시간은 가장 마음이 편하고 행복한 시간이다. 세상의 온갖 번뇌에서 벗어나 편안한 마음을 갖게 하는 시간이기도 하다.

불가에서는 인간에게는 108개의 번뇌가 마음에 있다고 한다. 이 번뇌가 사람을 괴롭힌다 하여 이를 108번뇌라고 한다. 실에 작은 구슬 108개를 꿰어 이를 돌리며 염불을 하는 것도 108번뇌를 물리쳐 무상(無想), 무념(無念)의 상태에 이르게 하고자 함이다. 절에서 치는 종 중에서 108번을 치는 종이 있다. 이를 108종이라고 한다. 섣달 그믐날 밤에 108번의 종을 치고, 아침, 저녁으로 108번의 종을 쳐서 108번뇌를 깨우쳐 없앤다.

해우소에 잠시 앉아서 변을 보는 시간은 세상 만인이 공인하는 편안한 시간이고. 오욕(五慾) 등 인간의 허념(虛念)에서 벗어나는 시간이다.

탐욕을 버리라고 한다. 탐욕에서 근심이 생기고, 탐욕에서 두려움이 생긴다. 탐욕이 없는데 어찌 근심이 있으며 두려움이 있겠는가.(貪慾生憂 貪慾生畏 無所貪慾 何憂何畏)

말로는 하기 쉬워 잘들 지껄이지만, 탐욕 버리기가 얼마나 어려운지는 누구나 아는 일이다. 부질없이 물욕에 눈이 어두우면, 그 순간부터 근심이 일기 시작하고, 두려움이 일기 시작한다. 위정자들 중에 종국(終局)에 불행한 사람들은 모두가 물욕의 사슬을 끊지 못하고 살다가 그런 변을 당한 사람들이다.

탐욕이 일기 시작하는 그 순간부터 맑은 명경에 흐리가 끼기 시작하고, 물은 고요하기를 그친다. 마음이 평정을 잃으면 온갖 번우(煩憂)한 일로 시달린다.

새롭게 먹은 마음이 늘 우리 몸속에 오래 남아 있는 것은 아니다. 새 놈이 떠나가고 나면 다른 낯선 놈이 들어와서 나를 이리저리 끌고 다닌다.

일일신(日日新)이라고 한다. 날마다 새로워져야 한다는 말이다. 마음속에 새로 들어온 놈이 도망치지 않도록 목줄을 옭아매서 못 나가게 해야 한다.

마음을 잃으면 세상 모든 것이 보이지 않고, 아무리 큰 소리로 말해도 들리지 않고, 산해진미(山海珍味)를 먹어도 그 맛을 모른다.

마음을 거울처럼 맑고 깨끗하게 하고, 다시는 흐리가 끼지 않도록 해야 한다. 늘 마음을 선함으로 채워 넣어 근심, 걱정, 탐욕, 분노 등이 들어와 자리 잡지 않도록 해야 한다.

맑은 마음으로 욕심을 억제하고(淸心節慾), 바다와 하늘이 넓고 청명하듯, 마음을 넓고 맑게 유지해야 한다.(海闊天空)

마음을 잡는 데 경전의 글귀보다 더 좋은 것은 없다. “노하기를 더디 하는 자는 용사보다 낫고 자기의 마음을 다스리는 자는 성을 빼앗는 자보다 나으니라”(잠언)

“모든 지킬 만한 것 중에 더욱 네 마음을 지키라 생명의 근원이 이에서 남이니라.”(잠언)

마음에 화가 자주 일거든 다음의 글귀를 늘 상기하여 보라.

일시에 치솟은 분을 참아라.(忍一時之忿)

그러면 백일의 근심을 면할 것이다.(免百日之憂)

# 카인의 후예들

카인과 아벨의 이야기는 구약 성경 창세기 편에 나오는 이야기이다. 이야기가 재미있고 좋아서 독자들에게 권하고 싶은 생각이 들었다. 경서(經書)에 관심이 없는 사람도 한 번쯤은 읽어두는 것이 좋을 것 같다. 글의 흐름을 조금 변형하였으니 양해하기 바란다.

아담이 그의 아내 하와와 동침하여 카인을 낳고, 카인의 아우 아벨을 낳았다. 동생 아벨은 양치는 자였고, 카인은 농사짓는 자였다. 카인은 땅의 소산을 하나님께 제물로 바쳤고, 아벨은 양의 첫 새끼와 기름을 제물로 바쳤다.

하나님께서 카인의 제물을 열납(悅納)하지 아니 하신 지라 카인이 심히 분하여 안색이 변하였다. 하나님께서 카인에게 이르시되, 네가 분하여 함은 어찜이뇨, 네가 선을 행치 아니한 연고냐, 너는 죄를 다스려야 하느니라(창세기 4:1~5).

우리는 카인의 후예들이다. 우리의 혈관 속에는 카인의 피가 흐르고 있다. 카인의 피가 뜨거울 때 형을 죽이고 동생을 죽인다. 질투의 염(念)이 화염(火焰)으로 타오르기 시작하면 큰일을 저질러 세상을 어지럽게 한다. 늘 조심하여 살아야 한다.

질투보다 무서운 병은 없다.(Envy is the worst disease.) 형우제공

(兄友弟恭)하라 하였지만, 질투심이 일면, 그런 생각은 없어지고, 살기(殺氣)등등한 무서운 생각이 인다.

질투의 불은 어찌나 강하던지 상대방을 태우고 자기 자신을 태운다. 그 무서운 질투의 화염으로 카인은 동생 아벨을 죽였다. 질투는 무지하다.(Envy is ignorance.) 무지는 분별하는 힘을 잃어 무가내(無可奈)로 덤빈다. 질투는 증오심을 일으키고 증오의 불길은 상대방을 태운다. 질투심이 일면, 내 마음이 어두워지고 타기 시작하면, 아무도 끄지 못한다. 그 화염이 나에게서 너에게로 옮겨 둘이 다 타서 죽는다.

남녀 간의 사랑이 꼭 순풍에 돛을 다는 것은 아니다. 장미의 화로(花路)만이 있으려니 생각해서도 안 된다. 은연중에 두 사람을 긴장케 하는 일이 생긴다. 그것이 곧 질투의 화염이고 양인의 애정을 더 뜨겁게도 하고, 잘못하다가는 상대를 잃는 비극을 겪기도 한다.

카인의 질투는 악질적인 질투다. 질투는 죽음보다도 무섭고 잔인무도하다. 우리의 피 속에는 카인의 피가 흐르고 있는지라 늘 경계하며 살아야 한다.

* *

한 여인이 간음을 범했다. 당시의 율법으로는 돌로 쳐서 죽이게 되어 있었다. 많은 사람이 그녀를 둘러싸고 돌로 치려 할 때, 예수님이 나타났다. "이 여인이 간음을 범했나이다. 어떻게 하면 좋겠습니까." "너희들 중에 죄 없는 자가 먼저 쳐라." 아무도 그러는 자가 없이 하나둘씩 다 사라졌다.

예수님과 그 여인만이 남게 되었을 때 "나도 너를 정죄할 수 없으니 다시는 가서 죄짓지 말라." 하였다.

정죄(定罪)란 죄를 지은 대로 형량에 따라 벌을 내리는 것을 말한다.

그 당시의 형량으로는 돌로 쳐서 죽이게 되어 있었지만 용서하여 살게 하였다.

기독교는 회개의 종교라 할 만큼 회개는 중요하고, 회개하면 용서하여 살게 한다. 회개를 하되 진실한 마음으로 해야 한다. 한 톨의 허위도 없이 진심으로 회개하면, 아무리 큰 죄도 용서하며 살게 한다.

용서보다 더 큰 복수가 없다 하였다. 용서는 받는 자에게는 무거운 짐이고 평생을 죄짓지 않고 살아야 하기 때문이다. 용서는 자비이고 그 자비의 은덕으로 사람을 죄로부터 벗어나 자유롭게 살게 한다.

무거운 형벌보다는 자비를 베풀어 새 사람으로 거듭나서 다시는 죄짓지 않고 살게 한다. 경전에서는 "음욕을 품고 여자를 보는 자마다 마음에 이미 간음하였느니라"(마태복음 5:28)라고 할만큼 간음죄는 무서운 죄이다.

지금까지는 나라의 법으로 가정을 보호하여 주었다. 간음을 범하면 그에 상응한 벌을 가하여 간음의 무서움을 알게 하였다. 그러나 나라에서는 각 개인의 성행위 의사(意思)까지 침범할 수 없다 하여 간음죄를 폐지하고 말았다. 나라에서 각 가정을 보호하여 주었던 울타리를 거두어 가고 말았다. 그러자 각 가정은 무방비 상태로 세상에 노출되는 위험에 처하게 되었다. 이제는 각 개인에게 책임을 주어 자기의 가정을 자기가 지키게 하였다.

성문화가 아주 심각한 사회악이 되어, 많은 가정이 해체되거나 붕괴단계에 이르렀다. 가정은 피를 흘려서라도 지켜야 한다. 이 세상에 가정보다 더 소중한 곳은 없기 때문이다.

* *

주홍 글씨(The Scarlet Letter)라는 장편소설이 있다. 우리나라에 들어온 지도 오래되었다. 17세기 미국의 식민지시대에 보스턴을 배경으로 하여 간통 사건을 다룬 소설이다.

만약 한 여인이 간통죄를 범하면 평생 주홍글씨 Ⓐ(Adultery: 간통) 자를 가슴에 달고 살아야 했다. 주홍글씨 Ⓐ는 평생 달고 다녀야 할 무서운 형벌이었다.

주인공 헤스터 프린(Hester Prynne)이라는 여인은 자기 남편이 외국에 나가 있는 동안, 아서 딤스데일(Arthur Dimmesdale)이라는 목사와 간통하여 진주(Pearl)라는 딸을 낳아 살았다. 딤스데일이라는 목사는 그 사실을 감추고 살다가, 종래에는 지칠 대로 지쳐 단두대에서 그 사실을 실토하고 쓰러져 죽는다. 성직자로서의 인간적 고뇌가 얼마나 컸던가를 나타내는 장면이다. 헤스터는 딸 펄과 같이 유럽으로 건너가 살다가 펄은 한 남자와 결혼하고, 헤스터는 죽어 딤스데일의 무덤 옆에 묻힌다. 죽은 후에나마 그들이 서로 무덤을 나란히 하여 묻히니 세상에 이보다 더 아름다운 것은 없다. 세상의 냉엄한 법도에 잠시 묶여 있었지만, 사랑은 모든 것을 이기고 모든 것을 뛰어넘는다.

이 작품은 대학교 3학년 때 강의 시간에 원문으로 읽었던 소설이다. 참 감명 깊게 읽었다. 그간 흐른 세월이 많은지라 다 잊고 줄거리만 여기에 올렸다. 그간 죄에 관한 이야기는 많이 써서 더 첨언할 생각이 없다. 나도 나쁜 짓을 많이 하며 산지라 부족함이 많다. 서로 경계하며 살자 하여 쓴 것이지, 나는 완전한 사람이니 나를 따라 행하라 하여 쓴 것은 결코 아니다.

허물이 있되 고치지 못하면 이것 또한 큰 허물이니라.
(過而不改 是謂過矣)

## 항간에 떠도는 이야기(街談巷說)

항간에 떠도는 이야기는 거의 모두가 진실한 이야기가 아니다. 꾸며서 만들어 낸 거짓 이야기들이다. 믿지 않을 수 없을 만큼 잘 꾸며낸 이야기들이다.

나처럼 이름 없는 사람은 그런 이야기의 대상이 되지 않는다. 모두가 이름난 사람들의 이야기여서, 세상 사람들의 이목이 삽시에 집중된다. 언론이나 TV에 걸려들면, 그 사람은 만신창이(滿身瘡痍)가 되어 살아날 힘을 잃는다.

많은 이름난 사람들이 이 덫에 걸려 견디지 못하고 갔다. 이 글을 쓰고 있는 동안에도 한 이름난 여자 연예인이 견디지 못하고 갔다는 비보가 들어왔다. 자기의 목숨을 스스로 처결(處決)하기보다 더 어려운 일은 없다. 그런데도 그녀는 그렇게 해서 갔다.

나처럼 이름 없는 늙은 사람은 가담항설 감이 못 된다. 나 같은 사람은 그들에게 아무런 소득이 되지 않기 때문이다. 설령 내가 늦바람이 나서 한 여인의 손을 잡고 다닌다 해도 일과성 해프닝으로 봐 버릴 것이다. 나 같은 무명인은 그런 허랑(虛浪)한 항설의 대상이 되지 않는다. 인구(人口)에 회자(膾炙)할 감이 못 된다.

한 대선(大選) 후보가 그의 인기가 올라가자 그런 낭설의 과녁이 되었다. 알아보니 허무맹랑한 이야기들이었다. 격분한 나머지 나라의 앞날이 걱정스럽다고 했다.

세상이 매우 악해졌다. 자기가 올라서기 위해서는 남을 뭉개지 않으면 안 된다. 젊은 사람들의 마음이 이렇게 부패하면 나라의 앞날이 어둡다고 했다. 울분을 터뜨리며 나라의 앞날을 개탄했다.

한 사람이 헛된 소리를 전하면, 백 사람이 그것을 사실로 알고 전한다.(一人傳虛 百人傳實)

만인의 우상처럼 사랑을 받던 또 한 연예인이 갔다. 그 허위의 벽에 짓눌려 무참히도 갔다.

정의롭지 못한 것은 필연 실패한다. 허위는 진실을 결코 이길 수가 없다. 부정의 실체는 언젠가는 드러난다. 부정하게 긁어모은 표(票)로는 배지를 달아서는 안 된다. 잔머리를 굴려 그런 거짓 이야기를 만들면, 그 이야기는 부메랑이 되어 자기에게로 돌아와 자기를 파멸시킨다.

우리는 모두 이 세상을 살아가는 주인공들이다. 누가 더 귀하고, 덜 귀한 것이 아니다. 똑같이 세상을 향유(享有)하며 살아가는 귀한 주체들이다. 내가 귀하기를 바라면 다른 사람도 귀하게 여겨야 한다.

하마터면 사드 괴담이 성주 참외를 죽일 뻔했다. 성주 참외는 1년에 5,000억 원을 벌어들이는 성주의 귀물이다. 한 지역의 소산치고는 어마어마한 규모의 것이다. "사드에서 나오는 레이저 전자파가 참외 생산에 악영향을 준다. 그런 참외를 누가 먹겠는가." 그런 가담항설이 끊임없이 꼬리를 물었다. 그런 가담항설은 한 지역뿐만 아니라 나라 전체를 큰 위험에 빠뜨린다.

남의 이야기를 할 때는 일언삼사(一言三思)해야 하고, 백인삼사(百忍三思)해야 한다. 잘못된 가담항설이 한 위대한 인물의 대선판도(大選版圖)를 뒤집어엎을 수도 있기 때문이다.

우리는 진실을 말해야 한다. 익명(匿名) 뒤에 숨어서는 안 된다. 나의 부질없는 허위의 작란으로 다른 사람이 피해를 보아서는 안 된다. 말을 하려거든 당당하고 떳떳하게 해야 한다.

우리는 모두 국민적 양심을 가지고 살아야 한다. 남을 짓밟고 얻는 이익이 제아무리 크다 해도 그렇게 살아서는 안 된다. 우리가 잘못되는 한이 있더라도 정직하게 살아야 한다.

다수(多數)는 잠깐 속일 수는 있어도 오래 속일 수는 없다. 허위의 껍질은 오래 가지 못하고 곧 벗겨진다.

진실로 향하는 길은 멀고 험하다. 하루아침에 이루어지는 길이 아니다. 진실은 평생을 통해서 쟁취해야 할 최선의 가치요 선이다. 진실을 말할 때는 장식이 필요 없다. 사실 그대로를 말하면 되기 때문이다.

허위의 허울을 벗기는 일은 쉬운 일이 아니다. 허위의 허울이 겹겹이 쌓여 있으면 하나하나 벗겨내야 한다. 허위의 허울을 벗고 나타난 진실은 아름다운 빛을 발한다. 진실보다 더 아름답게 빛나는 것은 없다. 내가 먼저 나 스스로에게 진실해야 한다. 나 자신에게 진실한 사람은 다른 사람에게도 진실하다.

남을 헐뜯어 말하는 것을 비방(誹謗)이라고 한다. 비방으로 다른 사람을 무너뜨려서는 안 된다. 비방의 칼날보다 다른 사람을 더 깊이 베는 것은 없다.(No sword bites so fiercely as an evil tongue.) 비방을 당한 자보다는 종래에는 비방을 한 자가 더 큰 상처를 입는다.

젊은이들이여! 항간의 거짓된 이야기를 만들어내는 데에 그 좋은 머리를 굴려서는 안 된다. 늘 바른 생각으로 남을 도우며 살면, 그대들 앞날에 축복이 있고, 나라의 앞날은 태양처럼 밝게 빛날 것이다.

항간의 거짓된 이야기는 준족(駿足)보다도 더 빨리 퍼지지만, 진실의 발은 이보다도 더 빠른 걸음으로 따라잡는다. 항간에 떠도는 가화(街話)를 즐기다간 내 마음이 먼저 멍이 들고, 나 자신을 죽이는 살인도(殺人刀)가 되어 나 자신을 죽인다.

다른 사람과 논쟁할 일이 있으면, 아무리 힘들더라도 화내지 말고, 차분하게 이성을 가지고 논리를 펴나가야 한다. 논쟁은 가담항설과는 다르다. 서로가 잘하여 만족하는 결론에 이르게 해야 한다.

"논쟁을 일으키기 좋아하는 자들의 말 때문에 우리가 고수하고 있는 권리나 표준이 낮아지지는 않습니다. 우리의 책임은 우리의 입장을 이성을 가지고 우정 있는 설득과 분명한 사실로써 설명하는 것입니다." (마빈 J. 애쉬튼)

비방이나 가담항설은 비열하고 저속한 인간 행위이다. 지더라도 당당하게 싸우면 우리는 그를 승자의 반열에 올려 극구(極口) 칭찬할 것이다.

## 정해진 길

사람이 성장하는 데는 세 단계가 있다. 첫째가 무율(無律)의 단계요, 둘째가 타율(他律)의 단계이며, 셋째가 자율(自律)의 단계다.

무율의 단계란 어린 꼬마들의 단계다. 그들 속엔 그들을 통제할 아무런 장치가 없어서 그들이 하고 싶은 대로 하는 단계이다. 쉬야를 하고 싶으면 아무 데서나 쉬야를 하고, 악을 쓰고 싶으면 아무 데서나 악을 쓰는 그야말로 무율의 단계다.

그러다가 어린이집이나 더 높은 학교에 들어가게 되면 그곳 선생님들의 통제를 받아야 한다. 그들 마음대로 할 수가 없고, 사사건건 선생님들의 통제를 받아야 한다. 이런 단계를 타율의 단계라고 한다.

그러다가 대학에라도 들어가면, 자기 마음대로 할 수 있는 자율의 단계가 시작된다. 모든 일은 자기 마음대로 하되, 자기가 행한 일에 대해선 책임을 져야 한다.

직장에 들어가서 돈을 벌고, 짝을 찾아 결혼을 하고, 집을 사고, 한동안 그렇게 살다 보면 세월은 어느새 흘러 노령의 단계에 들어선다. 자기 머리 위에 서리가 내리고, 피가 마르는 줄도 모르고 산다. 머리는 하얀 민들레가 되어 엄마 품을 떠날 준비를 한다. 엄마 품이 제아무리 따뜻해도 다시는 돌아오지를 못한다. 이것이 곧 인간이 지닌 숙명이다.

백설이 만건곤(滿乾坤)할 제 독야청정(獨也靑靑)하리라고 기염(氣焰)을 토해도 아무 소용이 없다. 세월의 무게를 이기지 못하고 세월 따라 살다가 가야 한다.

인간이란 사람으로 태어나서 사람으로 살다가 사람으로 죽는다. 이 길은 이미 정해진 길이요, 이 길을 벗어나서는 살 수가 없다. 이 길이 곧 인간에게 주어진 인간이 가야 할 길이다.

몰몬경 '야곱서'에는 "야곱이 인생을 마감하고 이 세상을 떠나려 하니, 그 긴 인생도 한 조각의 꿈만 같다."라고 하였고, 존 테일러 선지자는 "나비처럼 잠시 퍼덕거리다가 죽으면 그것으로 끝나는 참 허망한 존재"라고 했다. 어느 문인은 "이 세상에 태어나는 것은 한 조각의 구름이 일어나는 것이요(生也一片浮雲起), 죽는 것은 한 조각의 구름이 사라지는 것이다(死也一片浮雲滅)"라고 하였다.

나도 파란만장(波瀾萬丈)의 긴 인생을 살았지만, 돌아다보니 일순으로 흘렀다. 사람은 이미 정해진 길을 가기 위해서 사는 것이다. 사람이 한 여인을 만나 결혼해서 가정을 이루고, 그 속에서 아들, 딸 낳고 살다가 가는 것은 이미 정해진 길이다. 정해진 길이어서 거역하지 못하고 그렇게 살다가 간다. 또 그렇지 않게 살았다 해도 그에게 주어진 길이어서 그렇게 산 것이다.

만사가 이미 정해져 있는데도(萬事分已定) 세상 사람들은 허망한 줄을 모르고 바쁘게 움직인다.(浮生空自忙)

나는 팔자가 좋기는 한데 상팔자는 아닌 것 같다. 상팔자인 사람이 이렇게 살 수는 없기 때문이다. 80이 넘은 나이에 글을 쓴다고 깨알같이 작은 글씨와 싸우며 눈을 비비며 살지는 않을 것이다. 그러나 이 일도 아무나 할 수 있는 일이 아닌 것을 생각하면, 힘들기는 해도 팔자가 좋아야 한다는 생각이 든다. 더군다나 평생 의식(衣食)에 궁하지 않고 살았고, 자식들 잘 가르쳐 먹고 살게 해주었으니, 분명 막된 팔자는 아니고, 적어도 중팔자는 되는 것 같다. 더군다나 약골이 아닌 몸으로 비교적 건강하게 그리고 무탈(無頉)하게 살았으니 천우신조(天佑神助)가 컸다. 앞으로 어떻게 되든 주어진 일이라 생각하고 잘 순응하며 살 것이다.

사람은 다 죽는다. 죽지 않고 사는 자는 이 세상에 없다. 이 길은 인간이 가야 할 길이다. 이 길은 자연의 길이요, 피할 수 없는 길이다. 사는 것은 자연의 일부요, 죽는 것도 자연의 한 부분으로 자연의 한 조각이 되어 자연 속에 묻힌다.

하루를 잘 살려고 하면, 아침에 일찍 일어나는 것을 놓치면 안 되고(寅若不起 日無所辨), 1년을 잘 살려고 하면, 이른 봄에 밭을 갈아 씨앗을 뿌려야 한다. 뿌린 씨앗을 땀 흘려 가꾸고, 가을에 거두는 소망을 가져야 한다.(春若不耕 秋無所望)

아무리 가야할 길이 정해졌다 해도 그냥 가지는 것은 아니다. 용이 하늘을 오르는 데도 그냥 오르는 것은 아니고, 바람과 구름을 힘차게 몰아 올라가야 한다.(風雲之會)

사람은 모두 각자도생(各自圖生)으로 자기의 그림을 그리며 산다. 그것이 곧 자기의 행적(行蹟)이요, 자기의 인생 여정(人生餘程)이다. 어떤 그림을 그리든 상관없는 일이지만 힘써 그리면 된다. 잘 그렸으면 예술적 대작(大作)이 되고, 세상을 놀라게 하면 천하명품(天下名品)이 된다.

흙에서 나서 흙으로 돌아가는 이 운명적 여정에서 성공을 거두고 갈 수 있도록 온 힘을 기울여야 한다. 어려움이 많더라도 포기하지 말고 성공하기를 기원한다. 바늘 하나 들어갈 여지가 없으면 몰라도 포기해서는 안 된다. 왜냐하면 포기는 영원한 단절이기 때문이다.

여생이 얼마 남지 않았지만 가야 할 길은 이미 정해져 있다. 그저 모를 따름이다. 정해진 길이라 하여 아무렇게나 가서는 안 된다. 있는 힘을 다하여 가야 한다. 그러는 자만이 그 길을 잘 따라가는 자가 된다.

## 흙과 사람사이

어느 날 우리 집에 택배가 배달되었다. 보아하니 교회의 한 자매님으로부터 보내온 것이었다. 그걸 열어보니 무 몇 개, 배추 몇 포기, 고구마, 올게쌀, 들깻가루 등이 들어 있었다. 하나하나를 종이로 정성스럽게 싸서 보내온 것이었다. 내가 쓴 책을 읽고 감사하다며 보내온 것 같았다.

그런데 그 포장지에는 신토불이(身土不二)라는 말이 쓰여 있었다. 사람의 몸과 흙은 하나라는 뜻이다. 사람의 몸과 흙은 별개의 독립된 개체들인데도 어찌하여 두 개체가 하나라는 것이냐. 신기롭기 그지없는 말이다. 세상의 많은 조화 중에 이런 조화가 있을 수가 없다. 흙과 사람의 위대한 조화에 놀라지 않을 수가 없다.

흙에서 나온 소산(所産)들이 우리 몸속으로 들어와 현재의 우리 몸을 만든 것이다. 그 소산들로부터 에너지를 얻어 손발을 움직이고, 걷기도 하고, 달리기도 하고, 손으로 글을 쓰고, 눈으로 사물을 보고, 입으로 말도 하고, 머리를 굴려 온갖 것을 생각하는 등 사람이 하는 모든 일은 신토불이의 신묘한 조화에서 온 것이다.

흙과 몸은 완전한 하나가 되어 있지만, 흙의 흔적이라고는 찾아볼 수가 없다. 이런 결합을 일러 융합적 결합(Fusion)이라고 한다. 물리적 결합이 아니고 화학적 결합인 것이다.

그런데 우리가 이 세상에서 쓰고 있는 모든 것은 흙에서 나온 것이다. 금, 은, 보석, 구리, 니켈, 플라스틱, 석유, 석탄, 고무, 섬유, 우리가 먹는 과일, 모든 식료품 그리고 나무 등이 흙에서 나와 그것으로 집을 짓고, 시멘트 또한 흙에서 나오고, 우리가 타고 다니는 차 또한 흙에서 나온 것으로 만들고, 비행기 또한 흙에서 나온 것으로 만든다. 흙은 만능 적이다. 만능적 기능을 가지고 있다.

여호와 하나님이 흙으로 사람을 만드시고, 생기를 그 코에 집어넣으시니 사람이 생령(生靈)이 된 지라. 생령이란 살아 있는 영이란 뜻이고, 우리 몸은 단지 그 영을 담은 그릇에 불과하다. 우리의 몸에서 그 영을 빼버리면 우리 몸은 아무 쓸모없는 껍데기에 불과하다.

하나님이 인간을 만들 때, 나무, 금, 은, 철, 플라스틱이나 기타 다른 것으로 만들지 않고, 왜 흙으로 만드셨을까, 흙의 만능적 기능 때문일 것이다. 그것이 인연이 되어 사람은 신토불이의 융합적 결합을 유지하며 산다.

* *

아버님은 전형적인 농부이셨다. 아무리 박토라 해도 옥토로 만들어 소출을 늘렸고, 평생을 사시면서 농사일을 한 번도 그르치는 일이 없으셨다. 하늘을 한 번 쳐다만 봐도 그 날의 천기를 알아보는 천기 박사이셨고, 농사일에도 박사이셨다. 그러니까 체험으로 익힌 농학박사이셨다.

적은 소득으로 9남매를 키우셨고, 그런 가운데서도 자식들 교육까지 했으니, 참으로 위대한 분이셨다. 절약의 화신이셨고, 절약의 대명사이셨다. 땅과 우리 가족과의 인영은 거의 천연(天緣)이라 할 만큼 큰 것이었고, 우리 가족의 생명을 이어주는 생명줄이었다.

황무(荒蕪)한 땅을 잘 정리하면 기름진 논과 밭이 되고, 또 땅에 도로를 내고, 터널을 내어 이쪽과 저쪽을 잇고, 배를 만들어 육지와 바다를 잇고, 비행기를 만들어 나라와 나라를 이으니, 모두가 다 땅과 흙을 근거하여 만들어낸 것이다. 이쪽에서 저쪽으로 오고 가고, 저쪽의 소산이 이쪽으로 오고, 이쪽의 소산이 저쪽으로 가니, 서로가 부족한 것을 채우며 사는 세상이 되었다. 온 지구가 하나의 촌락이 되었고, 지구촌에 사는 사람들이 서로 이웃이 되어 산다.

땅의 소산만큼 위대한 것은 없다. 아무리 다른 것이 좋다고 해도 땅의 소산만 하지는 못하다. 아버님은 땅의 색깔만 보시고도 지질(地質)을 알아보시고, 땅을 만져만 보시고도 땅의 소출의 정도를 아시었다. 아버님은 땅을 가꾸어 땅속에서 보화를 캐내시고, 평생을 소와 쟁기를 벗하여 사신지라 소의 비밀을 알고 소를 자식처럼 아끼고 사랑하셨다.

몽테뉴는 그의 수상록에서 "나는 농민을 사랑한다. 왜냐하면, 비뚤어진 판단을 내릴 만큼 학문을 안 가지고 있기 때문이다."라고 했다.

아버님은 평생을 흙과 더불어 사신지라 흙처럼 정직하셨고, 늘 가꾸고 거두며 사신지라 순박한 자연의 이치를 알고 계셨다. 흙은 뿌린 대로 내놓고, 가꾼 대로 거두는 종두득두(種豆得豆) 종과득과(種瓜得瓜)였다.

옛말에 땅을 사고 싶을 때는 서두르라 하였고, 결혼을 하고 싶을 때는 뒤로 미루라 하였다. 결혼은 조금 뒤로 미뤄도 되지만, 땅을 미루다간 다른 사람에게 빼앗길 수도 있기 때문이다.

흙과 사람은 서로 융합적 관계여서 뗄 수가 없다. 사람은 흙에서 나서 흙과 더불어 살다가 한 줌의 부토가 되어 사라진다. 사람과 흙은 서로 뗄 수 없는 운명적 관계이고, 흙을 사랑하며 살아야 할 영원한 관계이다.

다음 시조를 마지막으로 이 글을 마치고자 한다.

풍파(風波)에 놀란 사공(沙工) 배파라 말을 사니
구절양장(九折羊腸)이 물도곤(보다) 어려왜라
이 후(後)란 배도 말도 말고 밧갈기만 하리라(張晩)

## 무정세월(無情歲月)

세월처럼 무정한 것은 없다. 그렇게 오랜 시절을 흘러도 말 한마디 없다. 있는 것인지 없는 것인지 알 길이 없다. 날마다 해가 뜨면 아침이 오고, 해가 지면 하루가 간다. 섣달그믐으로 한 해가 바뀔 뿐 세월은 그저 흐르기만 한다.

더위에 지쳐 죽을 뻔하다가도 가을이 오면 살아나고, 추위에 지쳐 죽을 뻔하다가도 봄이 오면 살아난다. 여름이 가면 가을이 오고, 가을이 가면 그 뒤를 이어 겨울이 온다. 세월은 이러기를 계속하며 흐른다.

바람이 불고. 천둥, 번개가 치고, 비가 억수로 쏟아져 범람하고, 장목(長木)들이 꺾이고, 서리가 내리고, 찬바람이 불고, 눈이 내리고, 봄이 오고 새들이 울어도 세월은 아무 말이 없다.

꽃이 피었다 지고, 이슬이 내렸다 지고, 매미가 울다가 가고, 서로 사랑하다 미워하고, 기뻐하다 슬퍼하며 울고, 성성하던 사람이 쓰러진다. 있는 것이 없어지고, 젊은이는 늙고, 늙은이는 더 버티지 못하고 간다.

중국의 장자(莊子)같은 이는 "꿈속에서도 또 꿈을 꾼다." 하였다. 인간 세상이 지극히 무상하고 덧없다 함이다. 먼저 죽었다고 얼마나 먼저 죽었으며, 살아 있다고 얼마나 오래 살아 있을 것인가. 조금 먼저 죽고 조금 늦게 죽을 뿐 인생필사(人生必死)의 원리는 거역할 길이 없다.

시 한 수 읊고 가자. 이 시는 여수대학교에서 근무했고, 지금은 타계하신 조 승래 교수님의 유작이다. 어느 날 교수님의 병실을 찾았더니 이 시를 건네며 읽어보라고 했다. 수학을 전공하셨지만, 문재(文才)가 유별하여 가끔 이런 글을 쓰기도 하셨다. 병실의 생활이 지겹고, 마음이 착잡하여 쓰셨던 글인 것 같다.

### 한산정(閑山亭)의 봄

한산정에 따듯한 봄바람 불어
허리춤에 둘러찬 빨간 철쭉꽃
봄이 되니 불꽃이 되어 타오른다.
봄이 해마다 찾아와
한산정을 채우건만
인생은 한 번 가면 못 오니
못내 서러워 하노라

한 번 가면 인생은 돌아올 줄 모른다는 애절극치(哀切極致)의 노래다. 작년에 왔던 봄은 금년에도 찾아오건만, 한 번 가면 인생은 영원한 불귀(不歸)의 객이 된다. 세월은 바닷물처럼 내 다리를 기어오르더니, 어느새 목까지 차고 올라와 숨길을 죈다. 녹양 춘삼월(綠楊春三月)이 영원하기를 바라지만 하룻밤 새에 구추단풍(九秋丹楓)이 지듯 사라진다.

세월이 가면 사람의 머리는 희어지고(歲去人頭白), 가을이 오면 나뭇잎은 홍엽이 된다.(秋來樹葉紅) 이런 이치에 거역하며 살 자는 없다.

내 머리도 해가 다르게 희어지더니, 지금은 백설이 삼장설(三丈雪)이 되었고, 손가락은 갈퀴발처럼 앙상하다.

세월은 그냥 흐르지 않고 흔적을 남기고 흐른다. 나의 손에도, 나의 얼굴에도, 온몸에도 세월의 여적(餘迹)은 역연하다. 나도 모르는 사이에 세월은 흐른다. 잠시의 쉴 틈도 없이 흐른다. 잠든 사이에도 흐르고, 땀 흘려 일하는 사이에도 흐른다. 글을 쓰고 있는 이 순간에도 그 흐름은 계속된다. 잠시 쉬어가라고 통 사정을 해도 뒤도 돌아보지 않는다. 참 무정한 녀석이다.

세월은 얻기는 어렵고 잃기는 쉽다 하였다. 부지런하여 세월을 잡아 일하면 세월을 얻는 것이 되지만, 빈둥거리며 살다간 좋은 세월 다 잃고 만다. 한거(閑居)를 일삼으면 편해 좋을는지 모르지만, 이룬 것이란 없으니 허망한 삶이 된다.

화친으로 이놈을 꼬드겨볼까 하지만 들을 것 같지 않고, 장검을 휘둘러 이놈의 길을 막아볼까 하지만, 아무 소용이 없고, 천하의 장사들을 불러 모아 싸움을 걸어볼까 하지만 소용없는 일이고, 온 세계가 무장하여 달려들면, 이놈은 되레 핵폭탄을 터뜨리며 덤벼들 것이다.

다시 조승래 교수님의 시를 한 수 더 읊고 가자.

세상을 하직하면서 쓰신 것 같다. 읽어보니 느낌이 매우 소슬(蕭瑟)하다. 친구들 모임에 가서 이 글을 읽어주었더니 모두가 감탄했다. 수학을 전공하신 분의 글솜씨가 어찌 이리 좋으냐고 이구동성(異口同聲)이었다. 조교수님과는 유별난 친분으로 지냈지만 지금은 가고 안 계신다. 애절한 감회 이루 말할 수 없다.

### 노한(老恨)

몸은 늙고 병들어 기동이 어려우니
처자는 쓸모없다 귀찮다 하네
아직도 세상에 미련 남아

### 쉬 접기 어렵고 차가운 땅에
### 묻힐 것이 두렵기만 하여라

평생을 행복하게 산 사람도 없고, 평생을 불행하게 산 사람도 없다. 행복과 불행은 늘 교차하여 오고 가고 한다. 아무리 불행하게 살았다 해도 고종명(考終命: 편하게 죽는 것)을 잘 하면 행복하게 산 것이 되고, 아무리 부귀영화를 누리며 살았다 해도 고종명을 잘못하면 불행하게 산 것이 된다.

세월에 밀려 살다가 기운이 떨어지면 간다. "꽃은 해가 바뀌어도 같은 꽃으로 피어오르지만, 사람은 해가 바뀌면 같은 사람이 아니더라." (年年歲歲花相似 歲歲年年人不同) 세월처럼 무정한 놈이 없지만 어떻게 할 수가 없다.

세월의 흐름 속에 흥망성쇠는 몇 번인가. 천년사직(千年社稷)도 남가일몽(南柯一夢)이고, 100세 인생도 수유(須臾)가 아니던가. 무정한 세월은 흐르는 물 같고(無情歲月若流波), 어찌나 빠르던지 손가락 끝을 튀길 동안이 아니던가.(彈指之間)

살아 있는 동안 무정한 놈과 화친하여 살고, 즐겁고 행복하게 살다 감이 어떨까 한다. 분수를 지키고 몸가짐을 잘하여 살면, 바다와 같은 큰 복을 얻어 살 것이다.(守分整齊 壽山福海)

## 제4부

# 水到船浮
(수 도 선 부)

## 물이 차니 배가 뜬다

물과 배는 실과 바늘의 관계다. 불가분(不可分)의 관계다. 물이 있어야 배가 뜨고, 배가 뜨면 물과 배는 하나가 된다. 물이 없어 배가 뜨지 못하면 실없는 바늘과도 같아서 아무 쓸모 없는 것이 된다.

봄이 왔으되 꽃이 피지 못하면 봉접(蜂蝶)이 날아들지 않고, 봉접이 날아들지 못하면 가을에 거둘 소망이 없어진다.

자식이 잘 되기를 바라면 적기에 가르쳐야 하고, 잘 길러 내보내면 세상을 움직이는 큰 동량(棟樑)이 된다.

나라에 국운 융성의 새 기운이 돌면 온 백성이 힘을 모아 창망대해(滄茫大海)를 향해 힘차게 노를 저어야 한다.

## 현재를 젊게 유지하라

우리가 사는 시간은 오직 현재뿐이다. 과거는 이미 사라진 시간이고, 미래는 앞으로 살아야 할 시간이다. 우리에겐 오직 현재만이 있을 뿐이고, 과거와 미래는 없다고 생각하라. 현재를 즐겁게 그리고 열심히 살고, 내일의 일은 없다고 생각하라.

우리가 부딪혀 살아야 할 시간은 오직 현재뿐이다. 현재의 이 순간을 최선을 다하여 살면, 과거도 좋은 과거가 되고, 다가올 미래도 좋은 미래가 된다. 현재의 주어진 일에 몰입하지 못하면, 과거도 잘못 산 과거가 되고, 미래도 잘못 사는 미래가 된다.

한 사람의 전생사(前生事)를 알려고 하면, 현재 그가 살고 있는 모습을 보면 알고(欲知前生事 今生受者是), 미래사를 알고자 하면, 현재 그가 하고 있는 일을 보면 안다.(欲知來生事 今生作者是) 하였다.

지금은 100세의 시대다. 99, 88, 234라는 말이 있다. 99세까지는 88하게 살고, 2,3일 누워서 고생하다가 4일째 되는 날에 죽어야 한다고 한다. 자손들에게 폐를 끼치지 않고 팔팔하게 살 수만 있다면 자손들도 곱게 봐줄 것이다.

참척(慘慽)이라는 말이 있다. 어찌나 오래 살던지 아들, 딸, 손자, 손녀들이 자기에 앞서 죽는 것을 말한다. 세상을 살아도 이런 욕(辱)을 당하지 않도록 살아야 한다. 그걸 어찌 맘대로 할 수 있겠는가. 너무 오래 살면 흉한 꼴을 당한다 하여 이를 수즉다욕(壽則多辱)이라는 말로 표현하기도 한다.

세상의 노인들이여! 안녕들 하시오. 늙었다고 주눅 들지 말고, 당당하게 사시구려. 지금껏 세상의 한 축을 맡아 일으켜 세우는데 고생들 많이 하지 않았소. 가정에서는 가장이 되어 식구들 먹여 살리고, 가르치고, 시집 장가 보내 살게 하고, 직장에서는 상사들이나 동료들과도 잘하며 살았고, 직장 건설에 힘쓰며 살았지 않소. 밤을 새워 강의 준비하고, 애들 앞에서 영감에 찬 강의로 그들을 감동시키고, 잘못하는 놈들은 호통을 쳐서 바로 잡았지 않소. 벌어온 돈으로는 먹고살기도 빠듯했지만, 절약하여 그놈들을 가르쳐 좋은 동량(棟樑)이 되게 하지 않았소.

옷을 입더라도 좋은 것으로 골라서 입으시고, 넥타이, 와이셔츠도 정결하게 손질하여 입고, 색깔은 밝은 것으로 골라서 입고 다니시구려. 늙었다고 차림새마저 추레하게 입고 다니면, 더 추하게 보이지 않겠소.

말을 하더라도 속으로 기어드는 소리로 하지 말고, 큰소리로 하여 주변의 이목을 끌고, 말을 어눌(語訥)하게 했다간, 다음에는 들어주지도 않을 것이요. 걸을 때에는 보무(步武)도 당당하게 자세를 세워서 걷고, 힘이 없어도 힘을 내어 힘차게 걸으시오. 모임에 가서 앉더라도 맨 앞 좌석을 골라 앉고, 힘없는 놈팡이처럼 말 한 마디도 못하고 오면 어찌 하겠소.

할 말이라고 생각되면 당당하게 말하여 늙은이의 기개(氣槪)를 세우시오. 남을 비판하거나 남의 잘못은 건드리지 말고, 나의 잘한 점은 너무 과하게 말하지 마시오.(無說己之長) 진실한 것은 그 광휘가 찬란하지 않다 하였으니 저절로 빛나게 하시구려.(眞光不輝)

인생말년은 내가 주체적으로 편성한 마지막 구간이라 생각하시오. 힘없이 죽어가는 마지막 구간이 아니요, 푸른 옷을 차려입고, 신발 끈을 동여매고, 산으로 들로 내달아 힘차게 살아야 할 시간이라 생각하시오.

편안한 것이 결코 좋은 것이 아니요. 늙은이의 몸은 날로 굳어지고, 굳어지면 풀 길이 없으니 움직여서 풀어야 하오. 움직이기가 힘들지만, 그래도 움직여야 하오. 힘들다 하여 누워만 있으면 죽고, 움직이면 사는 것이니, 명심하여 살기 바라오. 노년을 열정없이 살면 열흘 살 것도 하루밖에 살지 못하오.

늙었다 하여 마음마저 늙어서는 안 되오. 마음을 바르게 세워서 살고, 늘 중용(中庸)의 도를 준수하고, 과욕을 부렸다간 큰 사달이 날 것이요. 힘없이 젊은이 흉내를 내려다간 큰일이 나오, 마음이 급할수록 한 걸음 늦추어 행하되 도중에 그만두는 일이 없도록 하시오.

마음이 조용하면 천하를 얻는 것이니, 늘 평정심을 유지하시오. 남과 다투는 일은 아예 하지 말고, 분쟁의 중심에 서는 일은 절대로 하지 마시오. 분에 넘치는 이익을 구하지 말고, 행한만큼 거두는 데서 만족을 느끼시오. 남과 얽히는 일이 없도록 하고, 지금 얽히면 언제 풀고 갈 것이오.(解其紛)

* *

현재의 시간을 잃으면 모든 시간을 잃는다.(By losing present time, We lose all time.) 내일의 천자(天子)보다 오늘의 재상(宰相)이 더 좋다 하였다. 장래의 막연한 일보다는 좀 변변치는 않아도 오늘 할 수 있는 일이 훨씬 더 좋다.

청춘은 아름답고 노년은 마음이 좋다 하였다.(M. E. 에센바흐) 노년의 모든 것은 아름답지는 못해도, 속이 좋은 것으로 채워져 있으면, 모두가 우러러 따라 행할 것이다.

너무 잘하려고 하다가 되레 실수를 범하니, 순리를 좇아 조금씩 행하여야 아무 탈이 없다. 자연의 길을 좇아 살되 열심히 행하며 살기를 기원한다.

미래는 아직 오지 않은 시간이고, 오직 있는 것은 현재의 시간뿐이다. 오직 현재만을 잘 인내하고 열심히 살면, 지난 과거도 잘 산 과거가 되고, 닥쳐올 미래도 잘 사는 미래가 될 것이다.

## 산과 하늘과 사람

젊었을 때는 산을 많이 탔지만, 지금은 거의 타지 않는다. 전적으로 나이 탓이다. 그러나 얼마 전에는 특별한 인연으로 산을 탔다. 젊은 사람들처럼 힘이 넘치지는 않았지만, 끝까지 완주했다. 점심은 산해진미(山海珍味)로 잘 얻어먹었다.

그날 밤은 일찍 잠이 들었는데도 아침까지 쾌면(快眠)을 했다. 쾌식(快食), 쾌면(快眠), 쾌변(快便)을 삼쾌(三快)라고 한다. 밥을 맛있게 먹으면 쾌식이고, 잠을 쾌하게 자면 쾌면이고, 변을 쾌하게 누면 쾌변이다. 하루 산을 탄 때문인지 며칠간은 삼쾌의 기쁨을 누렸다. 이런 현상이 계속된다면 병원에 갈 필요가 없을 것이다.

나의 조상 중에 정 약용(丁若鏞)이라는 분이 계신다. 그분에 관한 책을 젊었을 때 읽은 적이 있다. 어찌나 훌륭하시던지, 조상 중에 이런 분이 계신다는 게 큰 영광이라는 생각이 든다. 그분이 어찌나 영특(英特)하시던지 4살 때 천자문(千字文)을 배웠고, 7살 때 산이라는 제목으로 한문 시를 지었다. 7살 때 천연두를 앓았으나 생명을 잃지는 않았다. 어찌나 고생을 했던지 눈썹의 한 가운데가 갈라져서 눈썹이 세 개가 되었다. 그래서 "눈썹이 세 개인 사람"이라는 뜻의 삼미자(三眉子)가 그의 호가 되었다. 10세 이전에 지은 시를 모아 삼미자집(三眉子集)이라는 시집을 만들었지만, 지금은 전해지지 않는다. 그가 7세 때 지은 시를 여기에 소개하고자 한다. 물론 한문시이고 산에 관한 시이다.

작은 산이 큰 산을 가리우니(小山蔽大山)
멀고 가까운 곳이 같지 않네(遠近地不同)

7살 때 어떻게 이런 한문 시를 쓸 수 있었는지 짐작이 가지 않는다. 장차 장목(長木)이 될 징조가 역연해 보인다. 작은 산이 큰 산 앞에 서면 큰 산도 가리어져서 보이지 않는다. 7살 때 원근(遠近)의 이치를 터득했고, 저렇게 어려운 한문 글자를 뽑아서 시를 쓴다는 게 이해가 가지 않는다. 전라남도 강진에서 18년 간의 유배(流配) 생활을 하는 중에 목민심서(牧民心書)를 비롯하여 500여 권의 책을 썼다. 74세에 타계하셨다.

자연으로 돌아가 자연을 배우라.

자연은 우리를 단련시키고 허문다.(루소)

자연이 우리를 단련시키기만 하고 허물지 않는다면 우리는 영원히 살 수 있을 것이다. 산은 늘 푸른 하늘을 배경으로 우뚝 서 있다. 산과 하늘과 사람은 삼위일체(三位一體)가 되어 영원한 관계를 유지한다.

산은 어머니의 품처럼 늘 따뜻하다. 몸을 망친 자에게는 건강을 주고, 십장홍진(十丈紅塵)에 지친 사람에게는 휴식을 준다. 도시의 소음에 물린 사람들은 산중거사(山中居士)가 되어 산속에서 산다. 세상의 온갖 고뇌와 슬픔도 다 잊고 산다.

산속의 큰 나무들은 하늘을 찌르고, 계곡에는 맑은 계수(溪水)가 사철 내내 흐른다. 그곳에서 먹고 자고 거닐고 뛰는 자들에겐 심신의 단련을 준다. 맑은 공기와 맑은 물로 우리의 호흡은 맑고, 혈맥엔 청혈(淸血)이 흘러 힘이 넘친다. 달려도 피곤하지 아니하고 걸어도 지치지 아니한다.

위를 쳐다보면 하늘이 시퍼렇고, 산과 하늘과 사람이 어우러져 일체를 이룬다. 물소리, 새소리, 바람 소리, 벌레들이 우는 소리 등은 산 속에 흐르는 산의 호흡이다. 그곳에 동화되어 살면서 그곳 사람이 되어 살다가 그곳에 묻히면 영원한 그곳 사람이 된다.

산속에 봄이 오면 뻐꾸기, 두견새가 와서 울고,

산속에 여름이 오면 온 숲은 울울창창 하늘에 치솟고,

산속에 가을이 오면 만산 홍록(紅綠)이 휘둘어지고,

산속에 겨울이 오면 깊은 눈 속에 짐승들은 동면에 든다.

산은 멀리서 보면 한 폭의 그림처럼 아름답지만, 가까이 가서 보면 그 속이 어수선하다. 온갖 것이 엉클어져 공생하는 생명의 공간이다. 철 따라 피고 지고 성장과 사멸이 거듭되는 생명의 현장이다.

산을 좋아하는 자들은 산에 올라 산을 호흡한다. 기를 쓰고 산에 오르는 자들만이 일망무제(一望無際)의 조망(眺望)과 호연지기(浩然之氣)를 느낀다.

숨이 멎을 것처럼 힘들게 올라도 산은 좋다. 한 발 한 발에 신중해야 정상에 오른다. 정상에 오르면 사람들이 모여 사는 시정(市井)이 보이고, 들판을 무질러 흐르는 세류(細流)들이 보인다. 세속사에 찌든 고뇌는 간 곳이 없다. 마음이 어지러운 자는 산으로 가서 치유하고, 처신이 가벼운 자는 정중여산(靜重如山)에서 산의 무거움을 배운다.

겸손치 않은 자가 산을 탔다간 큰 변을 당한다. 처음부터 역발산(力拔山)의 기개로 산을 탔다간 나중에는 힘을 쓰지 못한다. 보보등고(步步登高)를 산행의 원리로 삼으면 아무 탈이 없다.

높은 자리에 있을 때 교만하지 말고(在上不驕), 높이 있을 때 위험하지 않게 하라.(高而不危) 높은 곳에 있을 때 자만 부리다간 큰 화를 입는다. 무슨 자리이든 높은 자리가 가장 위험하다. 높은 자리일수록 더 겸손해야 하고 더 조심해야 한다.

하늘과 산과 사람은 삼위일체의 결합체다. 산에 오르고자 하면 서로의 협업(協業)을 통해서 그 일을 완성한다. 수시로 변하는 하늘의 천기에 조심하고, 산세의 험함에 주의해야 한다. 산을 타기에 알맞은 체력을 기르고 정신력을 길러야 한다. 유비무환의 길은 산행자가 터득해야 할 길이다.

끝으로 시 한 수 읽고 이 글을 끝내고자 한다.

청산은 나를 보고 말없이 살라 하고
창공은 나를 보고 티 없이 살라 하네
미움도 내려놓고 탐욕도 내려놓고
물처럼 바람처럼 살다가 가라 하네(懶翁禪師)

## 흐르는 물은 썩지 않는다(流水不腐)

병동지한(甁凍知寒)이라는 말이 있다. 병 속에 물이 언 것을 보고 겨울이 깊은 것을 안다는 뜻이다. 가난한 선비가 독서삼매경(讀書三昧境)에 빠진지라 겨울이 깊은 줄도 모르고 책을 읽고 있었다. 자기 방에 들여놓은 물병이 언 것을 보고서야 겨울이 깊은 것을 알게 된다.

등(燈)을 밝힐 기름이 없으니 달이 뜨기만을 기다리고, 방바닥은 얼음장처럼 차도 체온으로 버틴다. 소식(疎食)과 소식(小食)으로 배를 채워도 마음이 편하니 좋고, 마음에 한 호리의 악도 없이 사니 한없이 기쁘다.

옛날이야기지만 기분이 좋다. 지금은 청빈(淸貧)을 낙도(樂道)로 여기며 사는 자는 없다. 곤궁을 벗하여 살다간 바보로 밀리고, 뱃속에 꼬르륵 소리를 들으며 사는 자는 없다. 이 어지러운 세상에 일편단심(一片丹心)의 고절(高節)을 지키며 사는 선비는 별로 없다.

상선약수(上善若水)라 하였으니, 최고의 선은 그 흐름이 물과 같다 함이다. 물의 흐름이 막힘이 없듯 선 또한 막힘이 없어야 한다. 마음에 조금의 거리낌이라도 있으면 선이라 하지 않는다.

악을 선으로 갚는 일보다 더 잘하는 일은 없다. 그러나 그 일보다 더 어려운 일은 없다. 만약 그런 자가 있으면 선 중에서도 선을 행한 자가 된다. 상대방을 도와주어 그의 마음을 기쁘게 하면 그것이 선이다. 많이 주고도 혹시 모자라지 않았나 걱정을 하면 그런 선은 상선이다.

사람이 크면 덕이 되지만, 나무가 크면 해가 된다 하였다.(人長之德 木長之害) 큰 나무는 그늘이 커서 곡식에 해가 되지만, 큰 사람일수록 마음이 커서 베풀기를 많이 한다. 큰 사람이란 벼슬이 높은 사람을 말하는 것이 아니요, 베풀기를 많이 하는 사람을 말한다. 베푸는 사람을 덕인이라 하고, 무엇을 베풀든 물이 흐르듯 베풀어야 좋은 덕이 된다.

나는 많은 세월을 살았지만 무엇 하나 베푼 적이 없다. 베풀고자 하되 공연한 욕심이 일어 하지 못한다. 이 욕심의 불을 끄고자 하되 잘 꺼지지 않는다. 책이나 내서 나누어 읽는 도리 외엔 다른 도리가 없다. 이 일은 곧 한 톨의 악도 없이 즐거운 마음으로 행하니, 내가 베푸는 선이요 덕이다. 이것이라도 하고 가니 마음에 큰 위안이 된다.

화평과 고요 속에 살고자 하되 그 길 또한 멀고, 모든 일은 물이 흐르듯 해야 하지만 좀처럼 되지 않는다.

물은 먼저 가려고 다투지 않는다.(流水不爭先) 앞물과 뒷물이 서로 화합하여 흐른다. 앞서거니 뒤서거니 다투지를 않으니, 이보다 더한 선이 없다. 그래서 상선은 흐르는 물과도 같다 하였다.

아무리 좋은 물도 가두어 놓으면 썩는다. 아무리 좋은 것도 가두어 놓으면 무용한 것이 된다. 아무리 좋은 지식도 베풀지 않으면 썩은 것이 된다. 베풀어서 세상을 빛나게 하면 그것이 곧 선이다. 덕은 내 몸과 이웃을 윤이 나게 하지만, 가지고만 있는 부(富)는 내 집만을 윤이 나게 한다.(德潤身 富潤屋)

내 지금 물에 관한 이야기를 하고 있다. 세상 만물 중에 물보다 더 좋은 것은 없다. 너무 많으면 홍수가 되어 집을 밀고 산도 밀지만, 치수만 잘하면 큰 곳에 모아 농사도 짓고 공장도 돌린다.

물이 있어야 사람은 살고 물이 없으면 사람은 죽는다. 물과 사람은 서로 주고받는 관계를 통해 일체를 이룬다.

아무리 갈증이 나도 훔친 물은 마시지 말라(渴不飮盜泉水) 하였다. 아무리 물이 좋다 해도 부정한 물은 좋은 물이 아니다.

물이 흐르듯 사람도 흘러야 한다. 물을 가두어놓으면 썩듯, 사람도 가두어 놓으면 썩는다. 아무리 좋은 것을 많이 가지고 있다 해도 베풀지 않으면 썩은 것이다. 아무리 칩거(蟄居)가 편하여 좋다고 해도, 오래 칩거하면 몸이 상한다.

시 한 수를 읊고 가자.

구름빛이 좋다 하나 검기를 자로 한다.
바람소리 맑다 하나 그칠 적이 하노매라
조코도 그칠 뉘 없기는 물뿐인가 하노라(尹善道)

공기가 늘 옆에 있어서 고마움을 모르듯, 물 또한 늘 옆에 있어서 고마움을 모른다. 갈증으로 목이 타봐야 물의 고마움을 알고, 농작물이 타들어 가봐야 물의 고마움을 안다. 비가 오면 만물이 소생하여 일어서고, 죽어가든 작물들이 생기를 얻어 일어선다.

아무리 물이 좋아도 멀리 있으면 소용이 없다. 친척도 멀리 있으면 이웃만도 못하듯, 멀리 있는 물은 작은 불도 끄지 못한다.(遠水不救近火)

물이 유연하지만 쇠도 녹이고, 돌에 구멍을 뚫는다.(水滴穿石) 목이 마르지 않으면 샘을 파려 하지 않고, 발등에 불이 떨어지지 않으면 끄려고 하지 않는다.(臨渴掘井)

세상에 물처럼 싼 것이 없지만, 물처럼 귀하고 소중한 것도 없다. 물은 돈으로는 싸게 살 수 있지만, 그 소중함은 어떤 것에도 비교할 수가 없다. 돈으로 값비싼 집은 살 수 있지만, 아름다운 가정은 살 수가 없다.

써도 써도 다함이 없는(用之不渴) 지식을 가지고 있으면, 좀 더 긴 글을 쓰고 싶지만, 나의 단견이 못내 아쉽기만 하다.

아무리 그래도 시 한수야 없겠는가.

청산은 어찌하여 만고에 푸르르며
유수는 어찌하여 주야에 긋지 아니하는고
우리도 이같이 하여 만고상청 하리라(李滉)

인간도 청산이나 유수처럼 그침이 없이 만고상청(萬古常靑)하기를 기원하는 시다. 청산처럼 늘 푸르고 유수처럼 긋지 않고 오래오래 살다가기를 기원한다.

옛날 농경시대에는 농사는 천하지대본이었다. 치산치수(治山治水)는 시정(施政)의 근본이었다. 아무리 다른 일을 잘해도 치산치수를 잘못하면 좋은 임금으로 여기지 않았다. 순임금 같은 이는 치수에 바빠 자기 집 앞을 세 번이나 지나면서도 한 번도 들르지 않았다.

논두렁에서 하늘을 쳐다보며 비 오기를 기다리는 농부의 마음은 타들어 간다. 한 방울의 물도 소중하며, 한 방울의 물은 우리의 몸속을 흐르는 혈맥과도 같다. 너도나도 절수(節水)에 힘쓰며 살기를 기원한다.

아무리 큰 재물도 쓰지 않고 놔두면 흙덩이만도 못한 것이 되고, 아무리 귀한 보석도 땅속 깊숙이 묻혀 있으면 아무 소용이 없다. 아무리 가까운 이웃이나 친척도 교분 없이 지내면 남만도 못한 사람이 된다. 아무리 좋은 보도(寶刀)도 쓰지 않고 놔두면 녹이 슬어 못쓰게 되고, 아무리 좋은 지식도 쓰지 않고 놔두면 썩은 물처럼 쓸모없는 것이 된다. 물은 늘 흘러야 맑은 물이 되고, 세상 모든 것은 늘 흘러야 세상을 빛내는 것이 된다.

# 콰이江의 다리

콰이江의 다리는 태국과 버마(現 미얀마) 사이에 건설한 다리의 이름이다. 피에르 불(Pierre Boulle)이라는 작가가 이 다리에 얽힌 이야기를 소설로 썼고, 그 후 영화로 만들어서 세상에 내놓았다. 콰이江의 다리는 다리 이름도 되고 작품 이름도 된다.

지금부터 40여년 전에 친구와 같이 이 영화를 본 적이 있다. 다리를 건설하는 장면과 폭파하는 장면은 지금도 눈에 선하지만, 이 다리에 얽힌 이야기는 머릿속에 남아 있지가 않다. 그때 같이 영화를 보았던 친구는 이미 타계한 지 오래고, 달리 알 길이 없어서, 자료를 구입하여 글로 쓰게 되었다.

이 이야기는 제2차 세계대전이 한참 무르익고 있었던 1942년 말에 시작된다. 일본이 인도 작전에 대비하기 위해 태국과 버마를 잇는 대규모 철도건설을 계획하게 되었다. 철도의 전장(全長)은 415km였고, 험한 정글과 산협(山峽)에서 지도도 없이 시행하는 난공사였다. 아무리 생각해봐도 무모하기 그지없는 일이었다.

포로로 잡힌 연합군의 영국군과 네덜란드군 5만 명과 현지 노무자 10만 명, 그리고 일본군 1만 5천 명이 투입되는 대공사였다.

다음 해인 1943년이 되자 전세(戰勢)는 날로 악화되어갔다. 같은 해

10월 17일에 철도는 완성되었지만, 보급로의 역할은 연합군의 폭격으로 다 할 수가 없었다.

연합군의 폭격으로 현지인 3만 명이 죽었고, 포로 4만 명, 일본인 1천 명이 죽었다. 그 철도는 전쟁이 끝난 후 태국과 버마의 개발에도 기여하지 못하는 '죽음의 철도'가 되어 지금은 사라지고 없다. 그 많은 희생을 치르고 건설한 철도는 전쟁의 허무함과 비극을 나타내는 상징적인 것이 되었다.

소설 속에 나오는 군의관 크립톤은 "전쟁은 광(狂)이다!"라고 절규했다. 현실은 소설 이상으로 피로 물든 '피의 전쟁'이었다. 지금도 세계 도처에서 일어나는 인간 살육은 계속되고 있다.

*　　　*

전쟁보다 무섭고 파괴적인 것은 없다. 전쟁은 초월적인 힘으로 인류를 파괴하는 것으로 비극적인 종말을 가져온다. 콰이江의 다리라는 이 작품에서도 전쟁의 횡포(橫暴)에 지배되는 인간의 비극적인 운명을 예외 없이 나타냈다.

제2차 세계대전은 연합군과 파시즘의 대결이었다. 연합군은 미국, 영국, 프랑스로 대표되고, 파시즘은 일본, 독일, 이탈리아 등으로 대표된다. 전쟁의 와중(渦中)에서 영국군은 무력하게 포로가 되고, 일본군의 총부리 앞에서 꼼짝없이 중노동을 강요당했다. 콰이江의 다리는 일본군의 침략을 돕기 위해서 건설한 다리였다.

영국군 포로의 대표자는 니콜슨 대령이었고, 일본군의 수용소 소장은 사이토 대령이었다. 니콜슨 대령은 사이토 대령의 부당한 강요를 거부했다. 니콜슨 대령은 일본인들의 무계획적이고 조잡한 다리 건설을 반대하고, 과학적이고 합리적인 유럽의 방식으로 바꾸어서 하자고 많은 노력을 했다. 그때마다 양자 사이에는 격렬한 싸움이 일었지만, 서

양의 고도의 문화와 정확한 합리주의 앞에는 어쩔 수가 없었다.

니콜슨 대령은 포로들에게 압력을 가하여 확고한 질서와 의무를 강요했다. 그를 따라다니는 군의관 크립톤의 눈에는 니콜슨 대령은 전형적인 속물로 보인다고 기록하고 있다.

그러나 니콜슨 대령은 그 만지(蠻地)의 정글 속에서 유럽의 완벽한 방법으로 다리를 건설하는 데 성공했다. 그렇게 함으로써 영국인의 우월성과 치밀성을 보여주었다. 일본의 조야(粗野)한 전쟁문화와 고도로 발달되고 정교(精巧)한 서양문화 사이의 투쟁 결과라 할 수 있다.

그런데 그때 캘커타에 있는 영국군 첩보대에서는, 일본군의 침략계획 중에서도 가장 중요한 콰이江의 다리를 파괴하려는 계획이 수립되었다.

그리하여 3명의 첩보대원들이 용기와 집념을 가지고, 그 다리에 다이너마이트를 장치하러 왔다. 그들의 유일한 희망은 그 다리를 파괴하는 일이었다. 이 소설의 하이라이트는 바로 여기에 있다.

영국군은 빈틈없는 의무와 질서로 이 다리를 완성했고, 같은 진영의 다른 한쪽에서는 그 다리를 파괴하려고 했다. 상반되는 곳에 초점을 맞추고 양자가 치열하게 대립했다. 그 양자는 서로가 적이 되고, 세계에서 동떨어진 콰이江의 계곡에서 치열하게 대결했다. 전쟁의 아이러니치고는 무서운 아이러니였다.

큰 노력과 희생을 통해서 만들어진 그 다리는 자기들 동료가 설치한 다이너마이트에 의해 비참하게 파괴된다.

415Km의 횡단 철도를 전인미답(前人未踏)의 정글 지역에 설치한 것은 일본의 광기 어린 전쟁광들의 소행이었다. 그 많은 전쟁 노예들을 투입해 그 철도를 건설하는 도중, 연합군의 폭격으로 희생자가 현지인 3만 명, 포로 1만 명, 일본인 1천 명이 희생되었다. 그리하여 이 철도를 죽음의 철도라고까지 이르게 되었다. 전쟁의 잔학사이요, 전쟁의 허무

요 비극이다. 이 콰이江의 다리라는 소설은 영화화해서 크게 센세이션을 일으켰다.

콰이江의 다리라는 영화를 본 적이 있지만, 세월이 흐르는 사이에 거의 다 잊어버렸다. 자료를 수집하여 이렇게라도 쓰고 나니 마음이 후련하다. 전적으로 내가 알고 싶어서 한 것이지, 독자들에게 알리고 싶어서 쓴 것은 아니다. 그러기엔 내용이 너무 부실하다.

내가 이 글을 쓰는 데 참고했던 자료는 오 징자(吳澄子)씨가 번역한 '콰이江의 다리'와 해설집이었음을 밝힌다. 이분에게 감사드린다.

인류가 전쟁을 종결하지 않으면 전쟁이 인류를 종결할 것이라는 이 무서운 말을 상기하며 살기를 기원한다.

## 수백 개의 하천이 모여 바다를 이룬다(海納百川)

수백 개의 하천이 모여 바다로 간다. 서로 다르더라도 포용하면 거대한 하나가 된다.

2014년 중국의 시진핑 주석이 서울대 강연회에서 해납백천의 가슴으로 다른 나라의 목소리를 듣겠노라고 했다. 대인다운 면모가 보이는 말이다.

세상에 무엇이 넓다 해도 바다보다 더 넓은 것은 없다. 모든 그릇은 그 용량대로 받아들인다. 그 용량을 넘으면 넘쳐흐르지만, 바다는 그러는 일이 없이 다 받아들인다. 바다의 용량은 한없이 커서 무한히 받아들인다. 어떤 것이 다 들어가도 싫다는 내색도 없이 다 수용한다.

물은 바람이 불면 바람 따라 움직인다. 작은 바람이 불면 작게 움직이고, 큰바람이 불면 크게 움직인다. 때로는 질풍노도(疾風怒濤)가 일어 큰 재해를 일으키고, 포말이 일어 하늘로 날고, 산덩이 같은 파도가 일어 배를 삼키고 사람들도 한꺼번에 삼킨다.

바다는 아무리 봐도 창망(滄茫)하다. 그 깊이가 얼마인지 잴 길이 없고, 그 속을 들여다보면 온갖 생물들이 산다. 인류의 생존이 시작된 이래로 그 행함이 한결같고, 앞으로 억겁 년이 흘러도 바다는 지금 그대로일 것이다.

해상(海商)들이 이곳에서 저곳으로 물건을 실어 나르고, 어부들은 물고기를 잡아올려 팔아서 먹고산다. 갈매기들은 예나 지금이나 한결같고, 흰 구름이 유유히 날고, 돛단배도 유유히 날아 어디론가 간다.

바다는 한없이 넓다 하여 만경창파(萬頃蒼波)라 한다. 아무리 탁한 오수가 들어와도 바다는 늘 깨끗하다. 사람들에게도 눈, 비, 바람, 서리가 어찌 없겠는가만 잘 순응하며 산다. 우리를 괴롭히는 일들이 수없이 많아도 잘 극복하며 산다. 나를 죽이려 덤비는 사람이 있어도 잘 타협하며 산다.

사람들은 자기의 것만이 옳다고 생각하고, 자기의 것에 맞추어 살라고 한다. 그러나 나도 소중하고 상대방도 소중하다. 상대방이 틀린 것이 아니고, 나와 그저 다를 뿐이다.

사람은 늘 중심에 서면 살기가 힘들어진다. 때로는 우로 치우치고, 좌로 치우치며 살아야 한다. 내 것만이 옳다고 생각하는 순간, 나는 이미 한쪽으로 기울고 있는 것이다.

사람은 누구나 권력 지향적이다. 누구나 그런 속성을 다 가지고 있다. 권력을 휘두르기 시작하는 순간, 그 권력은 이미 타락한 것이다. 물욕에 눈이 어두워지는 순간, 물욕은 탐욕으로 변해 무서운 힘으로 그를 휘감기 시작한다. 나에게 제아무리 많은 재산이 있다고 해도 적다고 생각한다. 바다는 메워도 사람의 욕심은 메울 수가 없다.

내 말만이 옳다고 생각해서는 안 된다. 악한 말도 잘 받아들이면 선한 말이 된다. 아무리 좋은 말도 잘못 받아들이면 나쁜 말이 된다. 좋은 말을 잘못 받아들이는 일이 없어야 한다. 그런 마음이 곧 바다와 같은 마음이고, 상대방을 수용하는 마음이다.

역이지언(逆耳之言)이라는 말이 있다. 귀에 거슬리는 말이라는 뜻이다. 귀에 거슬리는 말도 순하게 받아들이면 나를 순하게 한다. 사람이 60세가 되면 이순(耳順)이라고 한다. 그 나이가 되면 귀가 순해질 나이가 되었다 함이다. 귀에 거슬리는 말도 순하게 받아들이면 나를 순하게 만든다. 귀에 듣기 좋은 말만 들을 것이 아니요, 귀에 거슬리는 말도 잘 들어 수용하면, 그것이 바다의 넓음을 수용하며 사는 길이 된다.

바다는 백천(白川)을 받아들여 순화한다. 더러운 오폐수도 받아들이고, 별의별 기괴한 것도 다 받아들인다. 악한 것도 받아들여 선하게 하고, 선한 것은 받아들여 더 선하게 한다. 바다는 어찌나 넓던지 받아들이지 않는 것이 없다.

사람에게 용서하는 일보다 더 어려운 일은 없다. 용서를 하되 용서한 것 자체를 다 잊어버리라고 한다. 용서하는 일이 어렵지만 용서하며 살라 하였고, 남을 용서하되 자기는 용서하지 말라고 하였다.

칼자루에 손을 대고 상대방을 응시한다(按劍相視)는 말이 있다. 이런 모습은 상상만 해도 무섭다. 이런 일이 없도록 평소에 조심하고, 서로 이해하고 사랑하며 사는 '해납백천'의 지혜를 터득하며 살기를 바란다.

양약은 입에는 쓰지만, 병에는 좋다고 하였다.(良藥苦於口利於病) 시간만큼 사람을 단단하게 만드는 것은 없다. 고언(苦言)만큼 사람을 단단하게 만드는 것도 없다.

채근담(菜根譚)에 쓰여 있는 말을 인용하고자 한다.

"남의 허물은 마땅히 용서할 것이로되, 자기의 허물은 용서치 말 것이요, 나의 곤욕(困辱)은 마땅히 참을 것이로되 남의 곤욕은 참지 못할지니라."

바다는 백천오수(白川汚水)를 다 받아들여 깨끗한 물이 되게 하고, 그러고도 아무렇지도 않은 듯, 유유자적(悠悠自適) 고요히 흐른다.

해납백천과 유사한 말로 해불양수(海不讓水)라는 말이 있다. 바다는 모든 물을 물리치지 않고 다 받아들인다는 뜻이다. 늘 상기하여 살기를 기원하며 이만 줄인다.

## 제행무상(諸行無常)

제행무상이란, 만물은 잠시도 한 모양으로 머물러 있지 않고 늘 변하는 것을 말한다. 늘 변하는지라 똑같은 모습으로 남아있는 것은 없다. 그래서 제행이 무상하다고 한다. 만물이 늘 같은 모습을 짓고 있으면 제행이 유상하다고 할 것이지만, 제행이 유상(諸行有常)한 것은 이 세상에 없다.

해와 달이 날마다 떠서 유상한 것 같지만, 해와 달의 뜨고 지는 시간이 다르고, 비침(光)의 정도도 다르다. 하루하루가 똑같은 것 같지만, 일어나고 잠듦이 다르고, 무엇을 먹고 입으며, 누구를 만나 이야기하고, 무슨 일을 하며 사는 등 똑같이 사는 날은 하루도 없다.

아침 이슬이 풀잎에 맺히는 정도도 다르고, 지는 정도도 다르다. 바람이 부는 정도도 다르고, 방향도 다르고, 나무들이 흔들리는 정도도 다르다.

우리의 삶은 늘 즐거운 것이 아니고, 즐거움 뒤에 곧 슬픔이 온다. 늘 사랑하며 사는 것이 아니고, 사랑함 뒤에는 곧 미워함이 온다. 우리가 사는 세상은 늘 같지만 않고, 늘 변하여 움직인다. 새로운 세상이 오는가 하면, 곧 변화가 와서 세상을 바꾸어 놓는다. 대통령이 탄핵당하는 정국이 오는가 하면 새로운 나라가 들어서서 새로운 변화가 일어난다. 정치하는 사람들은 늘 싸우고 잠시도 가만히 있지를 않는다. 권세는 아무리 큰소리를 치고 기염(氣焰)을 토해도 10년을 누리지 못한다.(權不十年)

계절이 바뀌는 것만큼 우리를 즐겁게 하는 것도 없다. 1년 내내 무더우면 지쳐서 못살고, 1년 내내 추우면 지겨워서 못산다.

봄이 아무리 좋다고 해도 늘 봄은 지겹고, 가을이 아무리 좋다고 해도, 늘 서늘한 것은 우리를 싫증나게 한다. 무더움 뒤에 서늘함이 오고, 겨울 뒤에 따뜻한 봄이 얼마나 좋은지 모른다. 철 따라 세상 모든 것의 오고 감이 다르다. 비가 내리고, 바람이 불고, 천둥 번개가 치고, 서리가 내리고, 눈이 내린다. 꽃이 피고, 꽃이 지고, 열매가 맺는 등 계절 따라 오고 감이 다르다.

봄에는 봄옷을 입고, 여름에는 여름옷을 입는다. 가을에는 가을옷을 입고, 겨울에는 겨울옷을 입는다. 제행무상의 기쁨 속에서 사는 우리의 행복도 또한 무한히 크다.

나는 때로는 옳은 말도 하지만, 말실수도 자주 한다. 말실수가 나를 힘들게도 하지만, 나를 말조심하며 살게 한다. 말은 연금술사(鍊金術師)만큼이나 위대한 힘이 있다. 연금술은 비금속(卑金屬)을 귀금속으로 만드는 힘이 있듯, 말은 사람을 변화시켜 살리기도 하고 죽이기도 한다. 좋은 말 한마디에 얼굴이 펴지고, 힘들어하는 사람이 힘을 얻어 살게 한다.

아무것도 하지 않으면 아무 일도 일어나지 않는다. 아무것도 하지 않고 살면, 생활이 없는 사람이 된다. 생활이 없으면 사람은 죽은 자와도 같다. 말실수로 잠시는 속상할 수도 있으나, 말실수를 통해 좋은 말을 하는 것을 배운다. 말은 사람을 변화시켜 사람다운 사람이 되게 한다.

인간에게 한 가지 확실한 것이 있다. 모든 인간은 죽는다는 사실이다. 죽지 않고 영원히 살 자는 아무도 없다. 인간이 영원히 산다면 인간은 유상(有常)하다 할 것이다. 그러나 인간은 유상한 것이 아니고 무상하다. 산 자는 영원히 살지 않고, 젊은이는 늙고, 늙은이는 죽는다. 있던 것은 없어지고, 재미있던 것은 재미없는 것이 된다.

어제까지 싱싱하던 꽃이 시들고, 어제까지 정정하던 사람이 밤새 연고의 불행을 겪는다. 친구의 목소리가 어제보다는 약하게 들리고, 어제는 씩씩하게 걷던 사람이 오늘은 지팡이를 짚고 나타난다.

인생은 일장춘몽(一場春夢)이고, 초로(草露)처럼 허망하다. 살다가 늙고, 병들고 그러다가 죽는 생로병사(生老病死)가 인생의 길이다. 사람은 아무것도 아닌 것에 슬퍼하고, 내 맘대로 되지 않는다 하여 괴로워한다. 사랑하고, 미워하고, 원망하고, 더 차지하려고 몸부림치고, 서로 부딪혀 싸우며 산다. 인생은 유상한 것이 아니요 무상하다.

세월은 영원히 흐르는 나그네이고, 영원한 세월의 흐름 속에 사람은 잠시 흐르다 간다. 꽃이 제아무리 같은 꽃으로 핀다 해도 열흘 이상을 붉지 못하고 진다.(花無十日紅)

친구들 모임에 나가보면 한 달 새 저곳으로 간 놈도 있다. 남아 있는 놈들의 기개(氣槪)도 한풀 꺾여 있어 보기가 민망하다.

"천하 환란 중에 가장 어려운 것이, 겉으로는 가장 무사한 것 같지만, 실제로는 예측할 수 없는 우환이 숨겨져 있다."(蘇東坡) 겉으로는 멀쩡한 체 해도 속으로는 병이 든 것이다. 지금 살아 있다 해서 영원히 사는 것은 아니다. 조금 일찍 가고 조금 늦게 갈 뿐이다.

실력이 없는 사람이 헛된 명리를 좇다간 망하는 것이니, 다소곳이 자기 분수대로 사는 것이 옳은 것이다. 부허(浮虛)한 것은 잠시뿐이고, 오래 가지 못한다. 허망한 것에 뜻을 두지 말고, 무엇이 옳은가를 분별하며 살아야 한다.

아무리 제행이 무상하다 해도 인생은 엄숙하다. 지금 우리가 사는 가정, 사회, 국가는 우리가 땀 흘려 건설한 것들이다. 그간 우리가 땀 흘려 건설했던 것을 뒷사람들에게 물려주고 가야 한다. 뒷사람들에게 물려주고 표표히 사라지는 모습보다 더 아름다운 것은 없다.

백구지과극(白駒之過隙)이라는 말이 있다. 흰 말이 지나가는 것을 문틈으로 볼 수 있다는 뜻이다. 세월은 유수처럼 빠르고 인생은 유한하다. 그간 80여 평생을 살았지만, 일순으로 흘러가 버렸다. 그렇다 해서 취생몽사(醉生夢死)하며 살았더라면 인생을 크게 망치고 말았을 것이다.

순간을 놓치는 것은 영원을 놓치는 것이고, 순간을 젊게 살면 인생을 영원히 사는 것이 된다. 높은 자리가 행복한 자리가 아니고, 땀 흘려 일하는 자리가 행복한 자리이다. 하루 속에 영원히 있고, 일각 속에 영원히 있다. 일각(一刻)을 삼추(三秋)처럼 아끼며 살면, 그보다 더 잘 사는 삶은 없을 것이다.

# 심독(心讀)

친구에게서 전화가 걸려왔다. 요즘에 쓴 책이 있으면 보내달라고 했다. 옛날 강의실에서 사용했던 교재는 퇴물처럼 서가의 한쪽에 밀어 넣은 지 오래되었다고 했다. 글을 쓰면 안 되겠느냐고 했더니 그처럼 어려운 일이 없다고 했다.

수십 년을 대학에서 강의를 했고, 논문도 쓰고, 교재도 만들고 했으니, 할려고 하면 할 수 있지 않겠느냐고 했더니, 못한다고 했다.

다른 사람이 쓴 책을 읽으면서, 적어도 이런 정도는 되어야 세상에 내놓을 수 있을 터인데, 자기는 아예 그런 능력이 없다고 했다.

정년퇴직한지도 오래되고, 할 일이 없다 보니 별의별 생각을 하며 산다고 했다. 글 쓰는 재주는 아예 없고 남이 쓴 책이나 읽으며 무료(無聊)를 달랠 수밖에 없다고 했다. 그런데 이상하게도 내 글이 좋다고 했다. 그 흐름이 유려(流麗)하고, 가끔 나타나는 한문 글귀는 기가 막히게 좋다고 했다. 그 좋은 한문 글귀를 어디서 배웠느냐고 했다. 어찌나 좋던지 사전을 들추어가며 읽는다고도 했다. 한문 글귀를 그냥 넘기기가 아까워서 때로는 밑줄을 그어가며 읽고, 그 글귀들이 다 외워질 때까지 기다렸다가 다음 장(章)으로 넘어간다고도 했다.

언젠가 서로 만났을 때, 한문 글귀를 보란 듯이 외어대며 자랑까지 했다. 대단한 열정으로 글을 읽는 친구라는 생각이 든다. 기왕에 읽을 바엔 그렇게 정신일도(精神一到) 하여 읽으면, 행간(行間)의 의미까지를 다 알게 되는 좋은 독서가 될 것이다.

책도 체력으로 읽는다. 체력이 밑받침되지 않으면 독서하기가 힘들다. 노인들의 독서력이 떨어지는 것은 다 그런데 연유한다. 체력이 약하면 정신력이 약하고, 정신력이 약하면 의욕이 떨어진다. 독서하는데 가장 중요한 것은 시력이다. 시력이 약하면 눈이 빨리 피곤해져서 독서하기가 힘들어진다. 나도 젊었을 때는 밤을 새워가며 독서를 했지만, 지금은 어림도 없는 일이다. 지금 그랬다간 얼마 남지 않은 여생도 다 살지 못하고 갈 것이다.

독서삼도(讀書三到)라는 것이 있다. 구도(口到)와 안도(眼到)와 심도(心到)를 말한다. 구도란 입으로 크게 소리를 내어 읽는 것이요, 안도란 눈으로 읽는 것이고, 심도란 마음으로 읽는 것을 말한다. 눈으로 읽되 눈을 팔지 않고 읽는 것이요, 입으로 읽되 다른 사람과 이야기하며 읽지 않을 것이요, 마음으로 읽되 마음을 집중하여 읽지 않으면 필연 독서는 잘되지 않는다.

구도, 안도, 심도 중에서도 제일 중요한 것이 심도다. 마음이 잡념으로 차 있으면 구도, 안도도 소용없는 것이 된다. 일심불란(一心不亂)으로 마음을 집중하여 독서를 해야 한다. 음악을 듣거나 TV를 보면서는 독서삼매경(讀書三昧境)에 빠질 수가 없다.

세상을 살아가는데 독서는 필수불가결(必須不可缺)의 것이다. 사람들이 구도적(求道的) 열정으로 책을 읽는 것은 책 속에 길이 있기 때문이다. 책 속에 우리를 깨우쳐 알게 하는 길이 있기 때문이다.

만물양아(萬物養我)라는 말이 있다. 만물이 나를 길러 튼튼하게 한다는 뜻이라. 책은 우리를 가르쳐 사람다운 사람이 되게 하지만, 책 이외의 맑은 공기, 따스한 햇볕, 맛있는 음식, 시원한 샘물 등은 나의 몸을 기르고 살찌게 한다.

이 세상의 모든 것이 나를 가르친다고 할 때는 만물교아(萬物教我)라고 한다. 하늘이 나를 가르치고, 해와 달과 나무도 나를 가르친다. 역사와 사회와 국가가 나를 가르치고, 이 세상의 모든 사람이 다 나의 스승이 된다. 우리는 누구에게서도 배울 것이 있다. 이 세상의 모든 사람은 내가 배울 수 있는 재주와 지혜를 가지고 있다. 그래서 세 사람이 동행하면 그중에는 나의 스승이 있다(三人同行 必有我師) 하였다.

인간은 나서 죽을 때까지 배우는 학생이다. 배우고자 하는 진지한 마음이 없이는 결코 배울 수가 없다. 우리는 언제나 배우고자 하는 진지한 학생이어야 한다. 나날이 배우고 공부하는 사람만이 일일신의 새로운 발전을 할 수가 있다. 우리는 일일신(日日新)하기 위해서 일일학(日日學)을 해야 한다.

나는 책을 읽고 배우다가 지금은 책을 쓰는 사람이 되었다. 책을 쓰기 위해서는 첫째 많이 읽어야 하고(多讀), 둘째 읽은 것을 머릿속에서 정리를 해야 한다.(多商量) 아무리 많은 것을 읽었다 해도 머릿속에서 잘 정리해 두지 않으면 쓰레기 더미를 쌓아 놓은 것이 된다. 머릿속에 정리된 것을 잘 풀어서 글로 써야 한다. 그것도 평생을 그렇게 해야 한다.(多作)

헤밍웨이라는 미국의 이름난 작가가 있다. 노벨 문학상을 받은 작가였다. 'The Old Man and the Sea'(노인과 바다)라는 작품을 백번을 읽고 백번을 고쳤다고 한다. 읽을 때마다 고쳤으니 글에 붙어 있는 군살이라고는 다 빠지고, 뼈만 남은 앙상한 글이 되었다. 사람도 몸에 살이 좀 붙어 있어야 정감이 느껴지지만, 그렇지 않으면 정이 없게 느껴진다. 이런 사람을 비정(非情)하다 하듯, 이런 문학을 비정파 문학이라고 한다.

마치 고기를 끓는 물에 넣고 끓이면, 종래에는 살점은 다 떨어져 나가고, 뼈만 남게 되는 것과 같다. 이런 문체를 비정파 문체(Hard-boiled style)라고 한다. 백 번의 교정을 통해 백 번을 뜯어고쳤으니 뼈다귀만

남은 글이 되었다. 작품의 체제(体制)나 의미면에서도 거의 완벽한 것이 된 것이다. 그래서 그 작품이 노벨 문학 수상작품이 된 것이다.

책을 읽되 주마간산격(走馬看山格)으로 읽을 것이 아니요 그 의미를 잘 파악하여 읽어야 한다.

미국의 유명한 사상가 에머슨은 "책은 오직 영감을 주기 위한 것이다."라고 말했다. 책은 우리에게 영감을 주어야 한다. 우리에게 힘을 주지 못하는 책은 쓸모없는 책이고, 영감을 주지 못하는 책은 있으나 마나한 책이다. 있으나 마나 한 책을 읽어봤자 시간과 정력의 낭비만 된다.

저자가 펜을 잡을 때는 무사가 칼을 잡는 마음으로 잡아야 한다. 자기의 생명을 조각하는 마음으로 글을 써야 한다. 그래서 글 쓰는 사람을 세계의 눈이요 세계의 심장이라고 한다.

이 세상의 많은 책이 세상을 창조하였고, 세상에 사는 사람들을 창조적으로 계도(啓導)했다. 책이 없으면 세상은 한 치의 앞도 보지 못하는 암흑 세상이 된다.

공자님이 사서삼경(四書三經) 중에 역경(易經)에 매료(魅了)되었다. 가죽끈으로 맨 책이 세 번이나 떨어지게 읽었다 하여 이를 위편삼절(韋編三絶)이라고 한다. 책을 읽되 심도(心到)로 정신을 집중하여 읽을 것이요, 일심불란(一心不亂)으로 읽어야 한다.

책을 읽되 남자는 모름지기 다섯 수레의 책을 읽어야 하고(男兒須讀五車書), 자기가 읽은 책이 어찌나 많던지 그 수레를 끄는 소가 땀을 뻘뻘 흘릴 정도가 되고, 자기가 읽은 책이 방바닥에서 서까래에까지 이를 만큼 많은 책을 읽어야 한다.(汗牛充棟)

많은 책을 읽는 것도 좋지만, 한 권을 읽더라도 정신을 한군데로 모아 읽어야 한다. 책을 백 번을 읽으면 그 뜻이 저절로 우러난다 하였으니(讀書百遍義自見), 심독(心讀)으로 책을 읽어, 행간(行間)에 숨어있는 깊은 뜻까지를 알아차려 읽기를 권장한다.

# 제5부

## 在上不驕 高而不危
(재 상 불 교　고 이 불 위)

**높은 자리에 있을 때 교만하지 말고,**
**높이 있을 때 위험하지 않게 하라**

물이 맑으면 향기가 없고(眞水無香)
마음이 맑으면 뜻이 고상하다.(淸心高志)

어디 있으나 마음 단련에 힘쓰고, 특히 높은 자리에 있을 때, 조심하여 행해야 한다. 맑은 물로 마음을 씻어 늘 마음을 맑게 유지하여야 한다.(淸泉洗心)

## 임 꺽정의 의행(義行)

도적은 대개 자기가 어려울 때, 남의 재물을 훔쳐 자기의 것으로 만든다. 그러나 의적(義賊)이란 의로운 도적을 말한다. 남의 부정한 재물을 훔쳐다가 가난한 사람들을 도와주는 사람이 의적이다.

지금은 의적이라는 것이 없다. 남의 물건을 훔치는 일은 어떤 이유로도 용납하지 않기 때문이다.

임 꺽정은 조선조 13대 명종 때의 사람이다. 하는 일은 백정(白丁)이었고, 황해도, 경기도 일대를 횡행하며 탐관오리(貪官汚吏)들을 잡아 죽였다. 탐관오리란 백성의 재물을 탐내어 빨아먹는 청렴치 못한 관리를 말한다. 이런 썩은 관리들이 있으면, 그들의 재물을 빼앗아 가난한 사람들에게 나누어주었다. 의적단을 형성하여 전국을 파죽지세(破竹之勢)로 휩쓸고 다니면서 부패한 관리들을 잡아서 죽이기도 했다. 나라에서는 그들을 오래 방치할 수가 없어서 임꺽정과 그 일당을 피살하여 해체했다.

최초의 한글 소설로 홍 길동전이라는 것이 있다. 조선조 광해군 때 허 균(許筠)이라는 사람이 쓴 소설이다. 이 소설의 주인공 홍 길동은 정승의 아들로 인물이 출중하고 학식과 재주가 뛰어났다. 그러나 종의 소생인 까닭에 멸시가 심했다. 이를 견디지 못해 집을 뛰쳐나가 의적의 괴수(魁首)가 되어 양반들에게 복수하기 시작했다. 온갖 조화를 부려 양반들을 괴롭힌 후, 남경으로 가다가 율도국(硉島國)의 임금이 되어 이상국(理想國)을 건설한다는 내용의 소설이다.

임 꺽정은 실제 있었던 인물이고, 홍 길동은 소설 속의 인물이다. 두 사람 다 의적 노릇을 했다. 임 꺽정은 탐관오리들의 재물을 빼앗아 빈자(貧者)들에게 나누어주었고, 홍 길동은 부유층의 것을 탈취하여 약자들에게 나누어주었다.

이 두 사람은 당시의 사회상을 나타내는 대표적인 인물들이었다. 위정자는 가난한 사람들에게 과다한 세금을 부과하여, 그들의 배를 불리며 산지라 백성들은 날로 가난해졌다. 이처럼 백성들의 것을 긁어서 자기들의 배를 채우는 것을 가렴주구(苛斂誅求)라 한다.

특히 옛날에는 관리들의 행패(行悖)가 심하여 백성들이 살기가 힘들었다. 벼룩에서 간을 빼어먹는 것과 같은 잔인한 짓을 했다. 내 배만 부르면 된지라 빈익빈(貧益貧) 부익부(富益富)의 현상은 날로 가중되었다.

위정자는 공평하게 다스리고(治官莫若平), 재정을 맡은 자는 청렴해야 한다.(臨財莫若廉) 재물에 한 번 눈이 뒤집히면 채찍을 들고 다스려도 막을 길이 없다.

무엇이든 부당하게 취해서는 안 되고, 남의 것에 함부로 손을 대서는 안 된다. 부당하게 들어온 것은 부당하게 나간다. 황금 보기를 돌덩이 보듯 하라 하였고, 욕심 막기를 물을 막듯 하라 하였다.(窒慾如防水)

위정자의 뜻이 곧으면, 백성들에게 사악한 마음이 일어나지 않고, 위정자의 마음이 맑으면, 백성들의 마음 또한 맑아진다.

탐욕보다 무서운 것이 없고, 근심이 되는 것이 없다. 탐욕의 싹이 트는 순간 두려움이 생기고, 근심이 일기 시작한다. 탐욕의 물결이 잡히면 잔잔한 호수의 흐름도 그 소리가 들린다.

사는 것이 중요한 것이 아니라 바로 사는 것이 중요하다. 백성을 잘 살게 하려면, 내가 먼저 바르게 살아야 한다. 수신(修身)이 덜 되었다고 생각하면 언제든지 내려와 공부 더하고 올라가야 한다.

아무리 마음이 단단한 사람도 미혹이 크면 흔들린다. 여색이 곧기로 이름난 배 비장(裵裨將)도 애랑이라는 여자의 미혹에 빠져 무너진다. 그간 힘들여 쌓아 올린 명성도 허무한 물거품이 된다.

명품 옷을 입되 마음 단단히 하고 입고, 명품 가방을 들되 마음 단단히 하고 들어야 한다.

파락호(破落戶)라는 말이 있다. 명문가의 자손으로서, 난봉질을 하며 사는 사람을 말한다. 임 꺽정을 만나면 혼쭐이 날 사람이다. 세상이 날로 어지러운데 임 꺽정의 의행이 한없이 그리울 때다.

헤르만 헤세(Herman Hesse)가 그의 유서에서 "내가 죽고 50년이 지난 후에, 세계의 어디에선가 나의 저서에 대한 관심이 남아 있다고 하면, 어느 사람이든 내 작품 중에서 적당한 것을 빼내서, 자기의 것으로 해도 무방하다."고 하였다.

위정자나 사회의 지도자들이 자기가 거둔 결실을, 헤르만 헤세처럼 백성들 중에서 자기의 것으로 삼고 싶을만큼 사랑을 받을 수 있기를 바란다.

무소유라는 말은 아무것도 소유하지 않는 것을 의미하지 않는다. 꼭 필요한 것만을 소유하는 것을 말한다. 아무것도 소유하지 않고 어떻게 살겠는가. 아무리 많이 소유했다 해도 다 쓰지는 못하고 간다. 갈 때는 그간 필요했던 것마저 다 내놓고 간다.

사람이 너무 많이 가지면 마음이 타락한다. 쓸만치만 소유하고, 그것으로 만족하며 살면 마음이 편하다. 분별력이란 옳고 그름을 판단하는 능력이다. 무엇이 옳고 무엇이 그른가를 판단하여 살면, 만인으로부터 사랑과 존경을 받을 것이다.

물이 흐르면 자연히 도랑이 생긴다.(水到渠成) 조건이 갖춰지면 일은 저절로 이루어진다. 남의 것이나 엿보고, 필요 이상의 재물을 탐내며 살다간 일을 그르친다. 분에 넘치는 이익을 구하지 말고, 열심히 행하며 살면, 도랑이 저절로 생겨 물은 흐르게 될 것이다.

## 백수(白壽)의 반란

백수(白壽)란 99세를 말한다. 백(百)에서 한 획을 빼면 백(白)자가 된다 하여 그렇게 말한다.

80세는 산수(傘壽)라고 한다. 80세를 산수라 함은 우산(傘:우산 산)을 써야 할 나이이고, 우산을 쓰지 않으면 밖으로부터 오는 자연재해를 막아낼 수 없다 하여 그렇게 말한다. 81세가 되면 90세도 바라볼 수 있다 하여 망구(望九)라 하고, 91세가 되면 100세도 바라볼 수 있다 하여 망백(望百)이라고 한다.

100세는 백수(百壽) 또는 천수(天壽)라고도 한다. 100세를 천수라 함은 하늘이 점지한 나이라는 뜻이고, 하늘이 점지하지 않으면 100세를 살 수 없다 하여 하는 말이다. 지금을 100세 시대라고 하지만, 100세를 산다는 것은 아직은 쉬운 일이 아니다. 그러나 세월이 흐를수록 수(壽)를 늘려서 사는 것은 분명한 일이고, 100세에 대한 소망 또한 누구에게나 있는 일이다.

전에는 70세까지 사는 사람이 드물다 하여 인간 칠십고래희(人生七十古來稀)라고 하였다. 그런데 지금은 70세는 청년이고, 70세를 노년이라고 하는 사람은 드물다. 세상이 어찌나 빠르게 변하던지, 지금은 100세는 중수(中壽)이고, 80세는 하수(下壽)이고, 120세는 상수(上壽)라고 말하기에 이르렀다.

KBS 방송국에서 '인간극장'이라는 프로를 방영한 적이 있었다. 그런데 그 프로에 한 노인이 주인공으로 나왔다. 그 노인의 연세는 99세이고, 어찌나 정정하던지 120세 이상을 살고도 남을 것 같은 생각이 들었다. 시력이나 청력에 아무 이상이 없고, 말도 조금의 어눌(語訥)함이 없이 명료하고 정확했다. 그 나이가 되면 허리가 새우등처럼 굽을 터인데도 조금도 그렇지가 않고, 걸음걸이는 젊은이들처럼 흐트러짐이 없이 당당했다. 생래적(生來的)으로 좋은 수복(壽福)을 타고나서 그러는 것 같았다.

전에는 무슨 일을 하셨는지는 모르나, 지금은 전형적인 농부로 살고 계신다. 그 나이에 시력도 좋아 트럭을 몰고, 해마다 시력검사를 해도 0.8 이상이고, 지금대로 사신다면 100세는 물론이고 120을 넘어 130세까지도 거뜬히 사실 수 있을 것 같은 느낌이 든다.

농토의 경작면적이 얼마인지는 모르나 꽤나 많은 것 같았다. 그 넓은 농토를 혼자 경작을 해도 별로 힘이 부치지 않는 것 같았다. 30kg의 물통에 물을 담아, 물웅덩이에서 밭까지는 경사가 상당한데도 손수 운반하여 밭에 물을 대신다. 그 넓은 밭 주변에는 전선(電線)을 설치하여, 고라니나 다른 짐승들이 침범하지 못하도록 하고 있었다. 밭에 물을 대는 것도 손수 하고, 비료 통을 짊어지고 시비(施肥)를 하는 것도 손수 하고, 다른 사람의 손을 빌리는 일은 거의 없었다.

아들 딸들이 어찌 없겠는가만, 각자도생(各自圖生)으로 먹고살기에 바쁘고, 그들이 가끔 찾아와 어려울 때는 돕는 일이 있기는 해도 혼자 계획하고 혼자 하지 않으면 안 된다.

나이가 많다 보니 조강지처(糟糠之妻)를 여의었고, 그 후 후처를 맞이했지만 후처마저 간지라 지금은 홀로 외로이 살고 계신다. 후처마저 잃은 뒤에는 외로움 때문에 무척 힘들었다는 가족들의 이야기다. 시간이 흐르면서는 다 잊고 다시 일어서서 힘차게 살고 계신다. 오래 살면 흉한 꼴을 많이 보는 것은 어쩔 수가 없다.(壽則多辱)

두 아내의 묘는 4각 둘레석으로 아주 품위 있게 모셨고, 묘 앞엔 상석과 비석을 세워 놓았고, 비석에 새긴 비문(碑文)은 그분이 손수 지어 쓰신 것 같은 느낌이 든다. 한학(漢學)에도 능통하셔서 그럴 능력이 충분히 있으신 것 같은 느낌이 든다.

묘 앞에 이르자 "여보게들 그간 잘들 있었는가? 나 왔네"라고 말하고, 손으로 묘 등을 어루만지는 모습에서 그간의 정을 느끼게 한다. 자기도 죽으면 그들 사이에 끼어 들어가 묻힐 것이라고 했다. 비석은 작은 비석이 아니고, 삿갓이 있는 입석 대형 비석이었다. 두 아내를 위해 새겨진 비문에는 그간에 얽힌 절절한 사연이 적혀 있을 것 같지만, 볼 수가 없으니 안타깝기 그지없다. 젊은 남녀들의 순애보(純愛譜)에 가까운 사랑의 연가(戀歌)는 아니었는지 궁금하다.

묘지를 들를 때마다 들쭉날쭉한 잡초를 손수 뽑아 없애는지라 별도로 시간을 내어 묘를 손질할 필요가 없는 것 같았다.

그분은 강원도 어느 시골 마을에서 사신다. 99세의 고령에도 아랑곳하지 않고, 서울까지 내려와, 지하철을 타고 딸집을 찾아가 하룻밤을 지내고, 다음날 다시 강원도 집으로 돌아갈 수 있으니, 99세의 반란치고는 무서운 반란이다.

젊었을 때는 축구를 비롯하여 거의 모든 운동을 했고, 지금 저분이 팔팔하게 사시고 있는 것은, 늘 움직이며 사시기 때문이다. 그 누구도 추종(追從)을 불허하는 전대미문(前代未聞)의 일처럼 느껴진다.

나는 그분보다는 훨씬 연하이지만, 힘쓰는 것이 그분보다 훨씬 못하고, 밥순갈도 그분의 것은 고봉 마운틴이지만, 나의 것은 젓가락으로 이리저리 뒤적이며 밥을 먹는 꾀죄죄하기 이를 데 없는 것이다. 30kg의 물통을 들 수는 있지만 옮기는 일은 어려울 것 같다.

저렇게 건강하게 사시고, 하는 일에도 열중하며 사시니, 자식들이 싫어할 이유가 없고, TV에까지 나와 반란을 일으키니, 세상만인이 따라 살기에 좋은 귀감(龜鑑)이 되고, 인구(人口)에 크게 회자(膾炙)하리라 믿는다.

* *

노년은 시드는 속도가 빠르다. 그리고 몸이 날로 굳어진다. 노쇠의 정도는 필요 이상으로 신속하게 다가온다. 아무리 막아보려 해도 소용이 없고, 막으려 하면 지름길로 달려온다. 온 우주가 중무장을 하고 싸워도 막지를 못한다.

한 개인에게 백수(百壽)의 세월은 긴 시간이다. 돌도 부서지고, 쇠붙이도 녹아내리는 시간이다. 나는 지금도 간신히 숨을 헐떡이며 사는지라 백수에 이르는 일은 꿈도 꾸지 못할 일이다. 백수까지 살더라도 세상의 천덕꾸러기가 되어, 살아 있는 것 자체를 원망할는지도 모른다. 날마다 죽음의 그림자와 처절하게 싸우며 살고 있을 것이다.

그분의 백수(白壽)의 반란에 만강의 경의를 표하고, 하늘이 점지하지 않으면 안 된다는 생각이 든다.

세상에 세 가지 거짓말이 있다고 한다. 처녀가 시집가지 않겠다고 하고, 노인이 빨리 죽고 싶다고 하고, 장사꾼이 장사가 안되어 먹고살기 힘들다고 하는 것이다. 노인이 빨리 죽고 싶다고 하는 것은 말짱 거짓말이다. 어쩔 수 없어서 죽는 것이지 살기 싫어서 죽는 자는 없다. 천년을 살라고 해도 마다할 사람은 없을 것이다.

노년을 세한(歲寒)이라고 한다. 한겨울의 호된 추위라는 뜻이다. 대접을 받으며 살 때가 이미 지난 것이다. 아무리 노익장(老益壯)의 기세로 살려고 해도 때가 되면 서서히 무너져 내린다.

밀랍으로 만든 새가 날개를 달고 한없이 날아오르고자 해도, 태양 가까이에 이르면 밀랍은 녹아내려 없어진다. 이카로스의 최후는 곧 인간의 최후다. 부질없는 탐욕 부리지 말고, 살 만치 살았으면 갈 생각을 해야 한다. 분에 넘치는 수욕(壽慾)일랑 다 접고, 그간 잘 산 것에 감사하고, 표표히 인생의 뒤안길로 사라져야 한다.

# 낙엽귀근(落葉歸根)

가을은 4계절 중 가장 시원한 계절이다. 날씨가 서늘해지면 지금껏 빨아올리던 수액(水液)의 양이 줄어든다. 수액의 양이 줄어들면 짙은 녹엽(綠葉)들이 홍엽(紅葉)으로 옷 갈이를 한다.

아침저녁으로 양기(涼氣)가 들면, 한낮의 더위는 서서히 밀려난다. 잎사귀들이 하나둘씩 붉어지더니, 만산(萬山)은 곧 홍엽으로 불붙듯 탄다. 거리에는 낙엽들이 보료처럼 깔리고, 그것을 밟고 지나가는 연인들의 발걸음은 가볍다.

홍흥(紅興)의 계절은 날로 익어가고, 바람이 소슬하게 불면 사람들의 마음도 스산해진다. 나무에 매달려 있는 홍엽들은 코발트 빛 하늘에 붉게 탄다. 낙엽들이 떨어지면 길 위에 깔리고, 사람들의 발길에 밟히면 바삭바삭 소리가 난다. 가을에만이 들을 수 있는 아름다운 추성(秋聲)이다.

낙엽을 긁어모아 태우면 하얀 연기는 모로 깊게 솟아오른다. 그 연기를 폐부 깊숙이 들이마시면 몸의 구석구석에까지 배어든다. 우리 모두는 가을을 호흡하는 가을의 사람이 된다.

낙엽은 가을을 알리는 가을의 전령사(傳令使)다. 가을 바람이 가을 산을 휘젓고 다니면 가을 산은 온통 홍엽으로 불탄다. 엊그제까지만 해도 푸르던 잎새들이 붉게 물들어 우수수 떨어진다.

모든 것이 영원히 그 자리에 있는 것은 아니다. 먼저 것은 먼저 가고, 그다음의 것은 그다음에 간다. 간 자리엔 새로운 것이 올라와 그 자리를 메운다. 단풍이 되어 떨어지고 나면, 다음 봄에는 새싹들이 올라와 생명의 순환을 이룬다.

가는 것은 슬픈 일이지만 오는 것은 기쁜 일이다. 오고 감을 통해서 삼라만상은 균형과 질서를 유지한다. 뿌리는 나무의 모체이고, 뿌리가 수액을 빨아올려 잎들을 무성케 한다.(根固枝榮) 무성하던 나뭇잎들은 단풍이 되어 떨어지고, 떨어진 낙엽들은 다시 뿌리로 돌아가 뿌리를 보(補)하여 준다.

만사가 영췌(榮悴:번영과 쇠퇴)를 이루듯, 사람들도 낙엽의 오고 감에서 희로애락의 감회에 젖는다. 슬픔에 젖다가 기쁨에 젖고, 기뻐하다가 또 슬픔에 젖는다.

추풍낙엽(秋風落葉)에서 생의 무상(無常)을 느낀다. 낙엽이 떨어지면 우리의 마음도 떨어지고, 한 잎의 싹이 각피(殼皮)를 트고 올라오면 강한 생명의 힘을 느낀다.

자연은 서두르지 않는다. 바쁘다 하여 여름을 제치고 가을이 오는 것은 아니다. 자기 차례가 아니면 결코 오지 않는다. 인생행로에는 험산준령(險山峻嶺)이 있고, 험수협곡(險水峽谷)이 수없이 가로막는다. 순경(順境)의 날도 있고, 역경(逆境)의 날도 있다. 순경이라 하여 교만해서는 안 되고, 역경에 처했다 하여 낙심해서는 안 된다. 득의(得意)의 날도 있고, 실의(失意)의 날도 있다. 공연히 오해받을 때도 있고, 일이 잘 안 되고 힘이 들 때도 있다.

남에게 뒤졌다 하여 조급해 하지 말고, 남보다 앞섰다 하여 자만해서도 안 된다. 눈 속에서 봄을 기다리듯 차분한 마음으로 기다리며 살아야 한다.(雪中待春) 어려움 속에서 희망을 볼 수 있어야 한다. 어렵다고 포기해서는 안 되고, 비관해서도 안 된다. 인생을 살되 유유자적(悠悠自適) 여유와 기다림 속에서 살아야 한다.

먼 길을 가는 자는 결코 달리지 않는다. 천천히 가되 쉬지 않고 가야 한다. 인생행로는 구불구불한 구절양장(九折羊腸)의 길이다. 고산험봉(高山險峰)을 넘어야 하고, 험한 파고(波高)를 넘어야 한다. 자연의 길은 곧 인생의 길이다. 자연의 길에서 인생을 배워야 한다.

단풍이 드는 것도 하루아침에 드는 것이 아니다. 따사로운 햇살과 바람과 습도와 시간의 조화로 서서히 든다. 그런 조화가 아니면 단풍은 결코 아름답게 들지 않는다.

낙엽귀근(落葉歸根)이라 하였다. 낙엽은 뿌리로 돌아간다. 모든 잎사귀의 시작은 뿌리이고, 뿌리에서 가지로, 가지에서 나뭇잎들이 무성하게 나오고, 공중의 새들을 불러들여 즐겁게 노래하며 살다가 때가 되면, 낙엽이 되어 다시 뿌리로 돌아간다. 이것이 낙엽의 일생사다.

사람도 처음 비조(鼻祖)로부터 대를 이어 내려오다가 부모의 대에 이른다. 부모에게서 태어나 짝을 만나 아들딸들을 낳아 재미있게 살다가 때가 되면, 다시 열조들이 묻힌 땅으로 돌아간다. 종래에는 한 줌의 부토(腐土)가 되어 사라진다. 이것이 인간의 운명이요, 인간의 일생사다.

낙엽은 처음에는 푸른 잎으로 태어나, 비, 바람, 눈, 서리를 이겨내고, 홍엽으로 온몸을 붉게 태우다가 만물의 고향인 뿌리로 돌아간다. 뿌리는 만물의 귀착지요, 시작이기도 하다.

## 인간은 미소와 눈물 사이를 왕복하는 시계의 추다(바이런)

인간만큼 신기한 동물은 없다. 기쁠 때는 미소를 짓고, 슬플 때는 눈물을 흘린다. 크게 기쁘면 홍소(哄笑)를 짓고, 크게 슬프면 눈물을 쏟아 운다. 생김새도 신기하고, 걷는 것도 신기하다. 말하는 것도 신기하고, 모든 것을 만들어 쓰는 것도 신기하다. 사람이 만물의 영장(靈長)인 것은 그들이 머리를 쓰며 사는 동물이기 때문이다.

사람보다 더 잘생긴 것은 없다. 이목구비(耳目口鼻)가 있고, 오장육부(五臟六腑)가 있다. 눈으로 보고, 귀로 듣고, 코로 숨 쉬고, 입으로 말하고, 노래 부르고, 먹고, 마시고, 먹은 것을 배설하며 산다. 먹은 것이 살이 되고 피가 되어 우리 몸을 움직인다.

팔이 있어 물건을 들어 올리고, 다리가 있어 직립보행(直立步行)하고, 머리가 있어 그 머리로 세상을 지배하고 움직인다.

사람이 늘 조용하고 편안하게 사는 것은 아니다. 적은 것으로 토라져 싸우고, 형제간과도 싸우고, 가장 가깝다는 아내와도 싸운다. 심하면 사네 못사네 하고, 그러다가 별리(別離)로 갈라선다. 나무가 바람 따라 흔들리듯 사람들도 작은 충격에 흔들린다. 남을 욕하고, 비방하고, 미워하고, 원망하고 때로는 더 무서운 짓도 한다. 사람이 좋은 것 같아도 사람처럼 무서운 것도 없다.

인간이 어찌나 잔인하던지 때로는 동물성이 나타나, 총을 쏘고, 대포를 쏘고, 미사일을 날린다. 대포알의 생산은 날로 늘어나고, 이웃에게 겨누고, 동포에게 겨누고, 이런 싸움은 잠시도 가실 날이 없다.

어제 없었던 것이 오늘 나타나고, 오늘 있었던 것이 내일은 없어진다. 또 무엇이 나타나 세상을 놀라게 할지 아무도 모른다. 초불확실성의 시대에서 정신을 차리지 못하고 허둥지둥 살아간다.

그러나 인간보다 더 위대한 것은 이 세상에 없다. 냉철한 머리가 있고, 능력은 무한하고, 행위는 천사와도 같이 아름답다. 몸을 바쳐 남을 도와주고, 용서하고, 이해력도 좋아 신의 경지에 이를 만큼 높다.

"너희는 짐승처럼 살기 위해서 만들어진 것이 아니고, 덕과 지식을 구하며 살기 위해서 만들어진 것이다."(A. 단테)

인간이 위대한 것은 모든 것이 인간 안에 있고, 모든 것이 인간을 위하여 있는 것이다. 하늘이 인간을 위하여 있고, 땅 또한 인간을 위하여 있다. 하늘과 땅과 사람을 천(天), 지(地), 인(人) 삼계(三界)라 하고, 그 중에서도 사람이 으뜸이다. 하늘의 변화도 인간을 위하여 있고, 땅의 온갖 소출도 인간을 위하여 있다.

잘하면 한없이 높아질 수도 있지만, 잘못하면 천길만길의 나락(奈落)으로 떨어진다. 잘하면 신의 경지에까지 이르지만, 잘못하면 동물의 경지에까지 이른다. 인간은 때로는 신성(神性)을 발휘하지만, 때로는 악마가 되어 서로 죽이는 무서운 싸움도 한다.

때로는 행복에 겨워 웃고, 때로는 불행에 겨워 운다. 웃다가 울고, 울다가 웃는다. 불행한 순간에도 행복하다 느끼면 웃고, 행복한 순간에도 불행하다 느끼면 눈물을 흘린다. 사람은 행복하다고 느낄 때 행복하고, 불행하다고 느낄 때 불행하다. 사람의 모든 것은 마음먹기에 달린 것인즉(一切唯心造) 마음 단련에 힘쓰며 살 일이다.

인간은 자기 속에 사나운 맹수를 가지고 있다. 그 맹수가 언제 뛰쳐나와 이웃을 괴롭힐지 모른다. 가장 훌륭한 인간성을 발휘하여 살 때, 가장 아름다운 인간이 된다. 인간은 선성(善性)과 악성(惡性)을 가지고 있어서, 잘못하다간 무한히 잔인한 동물이 된다. 그래서 인간을 우주의 불량아라고 한다.

사람 중에는 별의별 사람이 다 있다. 선한 자도 있고, 악한 자도 있다. 영리한 자도 있고, 그렇지 못한 자도 있다. 현명한 자도 있고, 어리석은 자도 있다. 성질이 급한 자도 있고, 그렇지 않은 자도 있으며, 동정심이 많은 사람도 있고, 그렇지 않은 사람도 있다. 그때그때의 상황에 따라 이렇게도 나타나고 저렇게도 나타난다. 똑같은 사람인데도 평소와는 전혀 다른 성질이 나타나서 사람들을 놀라게도 한다.

"인간은 오류를 범하면서도, 비틀거리며 전진한다."(존 스타인벡)

인간처럼 변화무쌍하고, 천태만상의 모습을 나타내는 동물도 없다. 곧 개었다가 흐려지는 하늘의 천기와도 같다. 인간의 성질만큼 종잡을 수 없이 변하는 것도 없다.

미소는 기쁨의 소산이고, 눈물은 슬픔의 소산이다. 기쁨은 마음에 평화를 가져오고, 슬픔은 마음에 근심과 걱정을 가져온다. 기쁨은 마음에 밝음을 가져오고, 슬픔은 마음에 어두운 그늘을 가져온다. 세상의 번우(煩憂)한 일에서 벗어나고자 하는 자만이 광명을 찾아 나온다.

그늘 속에 빠져 그늘을 이기지 못하면 그늘의 사람이 된다. 미움에 빠져 미움을 이기지 못하면 사랑하는 사람이 되지 못한다. 사랑으로 살고자 하면 미움을 없애야 하고, 용기를 가지고 살고자 하면 매사에 당당해야 한다. 늘 기뻐하기 어렵고 늘 슬퍼하기도 어렵다. 기뻐하다가 슬퍼지고, 슬퍼하다가 기뻐한다.

미소와 눈물은 인간의 숙명이다. 기쁨이 넘칠 때, 눈물이 쏟아지고, 슬픔이 넘칠 때 고소(苦笑)를 지어 슬픔을 달랜다. 오래 기뻐하는 것은 좋지만, 오래 슬퍼해서는 안 된다. 슬픔은 잠시 머무르다가 가게 해야 한다. 슬픔이 너무 오래 머무르면, 기쁨을 잊어버릴 수도 있기 때문이다.

인간은 미소와 눈물 사이를 왕복하는 시계의 반추다.

"나는 인간의 종말을 믿지 않는다. 인간은 계속될 뿐만 아니라 승리할 것이라고 믿는다. 인간은 불후(不朽)의 것이다. 왜냐하면, 그는 동정과 희생과 인내를 할 줄 아는 영혼이요, 정신이기 때문이다. 작가의 의무란 이런 것에 대해서 쓰는 것이다."(윌리엄 H. 포크너 노벨상 수상식에서)

미소는 우리의 마음을 따뜻하게 하고 다정스럽게 한다. 미소는 우리를 행복하게 하고 사랑하며 살게 한다. 미소는 친구의 찌푸린 얼굴을 펴고 가슴 속의 어두운 곳을 밝게 한다.

아침 햇살이 이슬을 말리듯 미소는 친구의 눈물을 말린다. 나의 삶이 따뜻한 햇살로 찰 때 서로 간의 사랑의 눈길이 이어진다. 동정과 희생과 인내로 살면, 이 세상의 눈물의 골짜기엔 미소의 영롱한 무지개가 걸릴 것이다.

인간은 종말이 없고 영원히 계속되고 승리할 것이다.

# 사랑의 표현

"내가 내게 있는 모든 것으로 구제하고 또 내 몸을 불사르게 내줄지라도 사랑이 없으면 내게 아무 유익이 없느니라"(고전 13:3)

다음의 글은 사도 바울이 쓴 신약성경 고린도전서 13장에 나오는 '사랑'에 관한 글이다.

- "사랑은 오래 참고 사랑은 온유하며 시기하지 아니하며 사랑은 자랑하지 아니하며 교만하지 아니하며
- 무례히 행하지 아니하며 자기의 유익을 구하지 아니하며 성내지 아니하며 악한 것을 생각하지 아니하며
- 불의를 기뻐하지 아니하며 진리와 함께 기뻐하고
- 모든 것을 참으며 모든 것을 믿으며 모든 것을 바라며 모든 것을 견디느니라
- 사랑은 언제까지나 떨어지지 아니하되 예언도 폐하고 방언도 그치고 지식도 폐하리라."

그간 사랑에 대한 표현이 세상에 많이 나왔지만 이보다 더 잘한 표현은 아마 없을 것이다. 이상의 글은 사도 바울이 고린도인들에게 전하는 서신에 나타난 글이다. 비 신앙인들에게는 흥미가 없는 글이지만, 그래

도 잘 음미하여 읽어보면 사랑이 얼마나 위대한 것인가를 알 수 있다.

바울이라는 사람은 원래 이름이 사울이었고 유대교 회원이었다. 유대교도들은 구약만 믿는 사람들인지라, 신약의 구세주 탄생 자체를 부인했던 사람들이다. 구세주가 탄생한다고 하면 자기들 교파에서 나와야지 왜 그쪽(그리스도교)에서 나오느냐고 했다.

그래서 바울은 그리스도 교도들을 핍박하고, 그들을 잡아다가 가두고 죽이기까지 했다. 그러던 어느 날 그가 길을 걷고 있었을 때, "사울아, 사울아 너는 어찌하여 나를 핍박하느냐"라는 소리가 들려왔다. 그 소리에 놀란 사울은 쓰러져 한동안 의식불명 상태에 이르렀다. 그 후 그리스도의 부활과 강림(降臨)을 믿게 되고, 그 후 유대교에서 그리스도교로 개종하는 신앙의 변화가 그에게서 일어났다. 그가 개종한 후에 그의 이름이 사울에서 바울로 바뀌어졌다.

그가 개종한 후에는 미친 듯이 그리스도교의 전도에 힘썼으며, 중동의 뜨거운 열사(熱沙)의 땅을 누비며 전도에 전념했다. 그러면서 쓴 책이 9권(로마서, 고린도전서, 고린도후서, 갈라디아서, 디모데전서, 디모데후서, 데살로니가전서, 데살로니가후서, 디도서)이나 되며, 이는 신약의 거의 3분의 1에 해당한다.

사도 바울은 원래는 12사도의 한 사람이 아니었다. 그러나 그 후에 12사도의 수석 사도인 베드로, 야고보, 요한 등과 쌍벽을 이루는 위대한 사도가 되었다. 그런데 한 가지 부기할 것은 베드로는 가톨릭교회의 초대교황이 되었고 지금도 그렇게 추앙을 받고 있다.

바울이 이렇게 훌륭한 사람인 것을 알고, 예수님이 다메섹 도상에서 그를 만나 사도의 칭호를 수여하고, 12사도와 예루살렘 초대 교회가 동시에 그의 사도권을 인정하여 정식 사도가 되었다. 이것을 다메섹 사건이라고도 한다.

그 당시 로마제국은 이스라엘을 지배하고 있었지만, 신앙적으로는 불모지였던지라, 사도 바울의 그런 전도 활동을 미워했다. 그가 전도에서 돌아오자 예루살렘에서 체포해서 로마로 압송하여 가택에 연금시켰다. 병으로 고생하다 64년경에 순교했다.

*　　　*

사도 바울의 '사랑'에 관한 글에서 "모든 것을 바라며"라는 말이 나온다. 모든 것 속에는 선을 포함하여 악도 있고 시기, 질투, 원망, 미워함, 춥고, 따뜻하고 등 세상 모든 것이 다 포함된다.

그런데 선만 있으면 선의 소중함을 모르고, 악이 있어야 선의 소중함을 안다. 늘 따뜻하면 따뜻한 것이 얼마나 좋은 것인가를 모르고, 추움이 있어야 따뜻함이 얼마나 좋은 것인가를 알게 된다.

사도 바울의 '사랑' 속에는 참는다는 말이 세 번 나온다. "사랑은 오래 참고, 사랑은 모든 것을 참으며, 사랑은 모든 것을 견디느니라." 그러고 보면 "사랑은 참는 것이다." 오래 참는 자만이 구원에 이르는 영광을 얻는다.

"사랑은 언제까지나 떨어지지 아니하되 예언도 폐하고 방언도 그치고 지식도 폐하리라."라고 한 것을 보면 사랑이 얼마나 위대한 것인가를 알 수 있다. 예언은 아무나 하는 것이 아니고, 하늘의 은사가 없이는 할 수 없고, 방언 또한 하늘의 은사가 없이는 할 수가 없다. 여기에서 방언이란 단순한 언어학상의 사투리가 아니고, 하늘의 특별한 은사를 받은 자가 행하는 하늘의 언사(言辭)다. 한국 사람들이 있는 곳에서는 한국말을 해야 한다. 그런데 어떤 사람이 한국인들 앞에서 한국말을 하다가 갑자기 한국인들이 알아듣지 못하는 말을 했다고 하면, 그 말이 곧 방언이다. 그에게 그때 하늘의 은사가 내려 그런 방언을 하게 한 것이다. 그런 방언을 한 다음에는 그 방언을 통변(通辯)하는 은사를 내려 그 방언의 의미를 알 수 있게 한다.

지식이 세상을 움직일 수 있을 만큼 위대한 것인데도 그 지식을 폐한다고 하였으니, 사랑이 얼마나 위대한 것인가를 알 수 있다. 내가 내게 있는 모든 것으로 구제하고 또 내 몸을 불사르게 내어 줄지라도 사랑이 없으면 내게 아무 유익이 없느니라 하였다.

* *

이 몽룡(李夢龍)이 부친의 엄명에 따라 춘향이를 뒤에 남겨두고, 한양으로 올라가 과거시험을 본 끝에 장원급제한다. 암행어사가 되어 걸인으로 변장하여 남원골로 내려온다. 남원골 원님은 춘향이가 예쁜지라 그녀를 불러들여 수청(守廳)을 들라 하지만 이를 거절하자 그녀를 하옥하여 그의 뜻을 관철하려 했다.

이 사실을 다 알고 있었던 이 몽룡은 남원골 춘향이 집을 찾아가 춘향모 월매를 만나 딸을 내놓으라고 하지만 딸이 집에 있을 리가 없다. 내 딸이 비록 천한 기생의 딸이지만, 자네 같은 거지에게는 줄 수가 없다고 일언지하(一言之下)에 거절한다.

필묵(筆墨)을 가져오라고 하여 종이 위에다 천장지구유시진 차한면면무시진(天長地久有時盡 此恨綿綿無時盡)이라고 썼다. 이를 풀이하면, "하늘이 제아무리 높고 땅이 제아무리 오래되었다 해도 끝 간 데가 있지만, 춘향이에 대한 나의 사랑(恨)은 면면(面面)히 이어져서 끝 간 데가 없다."는 뜻이다.

사랑은 칼바람 추위에도 상관하지 않고, 살인적인 더위도 상관하지 않는다. 필요하다고 느끼면 생명을 무릅쓴다.(Love is blind.)

사랑은 화관(花冠)에 내려앉은 이슬방울처럼 맑고 청순하다. 사랑은 나를 전혀 다른 사람이 되게 하고 세상을 변화시킨다. 세상이 삽시에 아름다워 보이고, 가슴이 뛰고 하늘이 파래 보인다. 자기 집의 까마귀까지도 사랑스럽게 보이고(愛及屋烏), 세상 모든 것이 새로운 모습을 갖추어 나타난다.

남녀 간의 사랑도 이처럼 위대하고 아름답다. 그 깊이와 넓음을 예찬할 만큼 위대하다.

하나님의 사랑은 세상 온 인류에 대한 사랑이다. 사도 바울이 쓴 사랑은 하나님의 사랑이다. 그 의미가 어찌나 깊고 넓던지 읽으면 읽을수록 그 의미가 더해진다.

사랑이란 신묘하기 이를 데 없다. 가르치지 않아도 잘 행하며 산다. 한 번 끌리기 시작하면 물도 산도 단번에 넘는다. 목숨을 걸고 세상 모든 것을 건다. 아무리 파고(波高)가 높고 험해도 상관하지 않고 넘는다. 사랑은 상대방의 잘못을 알지 못할 만큼 위대하다.(莫知其愛之惡)

아내에게 당신에 대한 나의 사랑은 하늘보다도 높고, 바다보다도 넓다고 해보라. 아내가 감동하여 눈물을 쏟아 낼 것이다. 잠자리가 달라지고 밥상의 차림새가 달라질 것이다. 가족이 하나가 되고 세상 사는 맛을 새롭게 느낄 것이다.

사도 바울의 사랑을 이어받고, 이 몽룡의 사랑을 이어받아 살면, 이 세상에 와서 서로 사랑하며 살다 가는 기쁨이 클 것이다.

## 의식(衣食)이 족해야 영욕(榮辱)을 안다

의식이란 의복과 음식을 말하지만, 대개는 먹고 사는 것을 말한다. 영욕이란 영예와 부끄러움(辱)을 말한다.

식욕은 모든 욕구 중에서도 최우선적인 욕구다. 배가 고프면 육체적 활동은 물론 정신적 활동도 못 하게 된다.

의식이 족해야 내 몸이 편하고, 내 몸이 편해야 마음도 편하다. 마음이 편해야 가정생활이 좋고, 가정생활이 좋아야 인간으로서의 도리를 다한다.

옛말에 의식족이지예절(衣食足而知禮節)이라는 말이 있다. 의식이 족해야 예의를 안다는 뜻이다. 의식이 족해야 체면도 지키고, 염치없는 짓도 안하게 된다.

자기의 명예를 존중하고 부끄러움을 알려면 먼저 의식이 족해야 한다. 의식이 족하지 않으면, 남의 물건에 손을 대게 되고, 남의 물건을 훔치고서도 부끄러움을 느끼지 못한다. 장발장이 한 조각의 빵을 훔친 것은, 인간의 일차적 욕구인 배고픔 때문이었다. 그런 의식에 부족함이 없도록 평소에 잘 대비하여 살아야 한다.

그래서 옛 선인들은 "항산(恒産)이 있어야 항심(恒心)이 있다"고 하였다. 항산이란 경제적으로 안정이 이루어지는 것을 말하고, 항심이란 정신적으로 안정이 이루어지는 것을 말한다.

집안에 의식이 족하면 온기(溫氣)가 흐르지만, 의식이 족하지 못하면 냉기(冷氣)가 흐른다. 그래서 사람이 살아가는데 경제적 안정과 정신적 안정이 필요하다. 양자는 상호보완의 관계를 갖는다. 의식이 족해야 영욕을 알고 예의를 안다.

만약 우리가 경제적으로 남에게 예속되면 정신적으로도 예속된다. 배가 고프기 시작하면, 양심이고 뭐고 소용이 없고, 남의 것을 훔쳐먹고서도 부끄러워할 줄을 모른다. 남의 것에 손을 대고서도 양심의 가책을 느끼지 않는다. 그러다가 잘못되면 큰 사회악을 범하여 세상을 어지럽게 한다.

금강산이 아무리 아름답다 해도 배가 고프면 화중지병(畵中之餠)이 된다. 배를 채우고 난 후가 아니면 아무리 좋은 선경(仙境)도 소용이 없다. 그래서 사람들은 있는 힘을 다해 의식을 찾아 나선다.

의식이 족하지 않으면 예의고 뭐고 아무 소용이 없고, 영욕도 알지 못하는 하류속인(下類俗人)이 된다. 그래서 나온 말이 하루 일하지 않으면 하루를 먹지 말라 하였다.(一日不作 一日不食)

열심히 일해야 할 때 일해야 한다. 편하기를 즐기다간 말년고(末年苦)에 시달린다. 말년에 의식이 궁하면 이보다 더 비참할 수가 없다. 노년삼고(老年三苦)중 첫째가 밥이 궁한 것이요, 둘째가 몸에 병이 있는 것이요, 셋째가 고독이라고 한다. 이 세 가지가 겹쳐서 오면 그보다 더 비참할 수가 없다.

몸과 마음은 하나처럼 잘 움직이지 않을 때가 있다. 그래서 사도 바울은 "맘은 원이로되 육신이 말을 듣지 않는다."고 하였다. 전도 여행(傳道旅行)을 떠나고 싶지만, 중동의 무더운 날씨 때문에 몸이 말을 듣지 않는다. 몸과 맘이 따로 노니, 몸은 마음이 싫었을 것이고, 몸 또한 마음이 미웠을 것이다.

마음이 아프면 온 지체가 아프고, 마음에 아무 탈이 없으면, 몸은 마음이 하자는 대로 잘 따라 행한다. 몸과 마음이 하나로 연합하여 행하면, 우리 몸은 아무 탈이 없는 몸이 된다.

의식이 족하면 자기가 누리는 영예를 존중하며 살지만, 의식이 족하지 못하면, 의식 구하기에 바빠 다른 여념(餘念)이 없다.

능력이 있을 때 힘써 노력하여 의식이 궁하지 않게 하고, 의식이 족하면 자기의 영예도 존중하게 되고, 자기의 잘못을 부끄러워할 줄도 안다.

# 제6부

## 春若不耕 秋無所望
(춘 약 불 경　추 무 소 망)

**봄에 밭을 갈지 않으면 가을에 거둘 소망이 없어진다**

봄에 밭을 갈지 않으면 가을에 거둘 소망이 없어진다. 아침에 일찍 일어나지 않으면 그날 하루 일을 그르친다.(寅若不起 日無所辨) 이 세상에 부지런한 것보다 더 소중한 가치는 없다.(勤爲無價之寶)

근면은 성공의 어머니다. 게으른 자 중에 성공한 자는 없다. 부지런한 사람만이 일을 이루고 재물을 얻는다. 맨 먼저 방앗간에 온 자가 맨 먼저 방아를 찧는다.(Who come first, grinds first.) 맨 선두를 달리는 개가 토끼를 잡는다.(The foremost dog catches the hare.) 신도 아무나 도와주는 것이 아니다. 부지런한 사람만이 신의 도움을 받는다.(God helps early riser.)

# 책은 영원히 남는 기록

내가 지금껏 낸 책이 10여 권 이상이 된다. 꽤 많은 책이다. 많이 쓴 사람에 비하면 적지만, 적게 쓴 사람에 비하면 많다. 평생에 한 권의 책도 내지 못하고 간 사람들에 비하면 많다. 건방진 이야기지만 자부심 같은 것을 느낀다.

지금까지 내가 낸 책은 거의 모든 책이 250여 페이지에 이른다. 책이 두꺼우면 독자들이 부담을 느껴 끝까지 읽지 않은 것 같아서였다. 요즘 사람들은 하는 일이 많고, 늘 시간에 쫓기며 산다. 그러다 보니 남의 책을 독파하는 일이 그렇게 쉬운 일은 아니다. 그래서 빨리 읽고 자기가 하던 일에 다시 돌아갈 수 있어야 한다.

교회에 나이 든 한 자매님에게 책을 드리면, 1주일 동안에 다 읽었노라고 자랑삼아 이야기한다. 밭에서 손수 가꾼 토산품을 바리바리 싸서 가져오고, 어떤 때는 택배로도 부쳐온다. 농사지은 것을 다 가져오면 어떻게 하겠느냐고 해도 막무가내(莫無可奈)다.

지난번에 낸 책을 나의 마지막 책으로 하겠노라고 책 표지에 썼다. 다시는 내 책을 읽을 수 없는 것에 못내 아쉬워했다. 내 인생이 언제 끝날려는지는 모르고, 노느니 염불한다고 쓰는 데까지는 다시 쓰기로 했다. 다시 쓰기 시작한 것이 엊그제 같은데 벌써 책 한 권 분량의 원고

가 쓰였다.

언젠가 한 이름난 지인을 만나 이야기한 적이 있다. 나는 한 번에 100여 권 정도의 책을 낸다고 했더니, 자기는 만권, 어떤 때는 이만 권까지 낸다고 했다. 나는 돈벌이를 위해서 쓰는 것이 아니고, 지인들과 나누어 읽기 위해서 쓴다고 했다. 책의 장정(裝幀)도 호화로운 것이 아니고, 아주 평범한 싸구려 장정으로 한다.

세상을 살다 보면 하기 싫어도 해야 하고, 하고 싶어도 하지 못 하는 일이 많다. 필력이 있으면 죽는 날까지 하고 싶지만, 그 일 또한 장담하기가 어렵다. 내 글이 세상을 어지럽히는 글이 되면, 그때는 곡필(曲筆)의 지탄을 받지만, 개인적인 불명예로 여겨 아주 조심한다. 곡필은 나의 금기(禁忌)에 속하는 일이어서 절대로 하지 않으려고 애를 쓴다.

책을 쓰는 일은 머리를 굴려서 글귀를 빼내야 하는 창조적 작업이다. 이 세상에 많은 책이 있지만, 모든 책이 저자가 심혈을 기울여 쓴 정신적 소산이다. 책이 위대한 것은 정신적 심혈작이요, 창조적 노력을 기울여 쓴 책이기 때문이다.

인간이 책을 만들고 책이 인간을 만든다. 내가 쓴 책들로 인해 나는 단련되어서 오늘의 내가 되었다. 평생을 책을 읽고 책을 쓰면서 살았으니, 이보다 더 자랑스러운 일은 없다. 세상을 놀라게 한 그런 명품은 아니지만, 내 책이 세상에 나와 세상의 한구석을 빛나게 했을 것이라는 생각에 기쁨을 느낀다.

한 권의 책을 독파하는 일보다 한 인간을 거룩하게 만드는 일은 없다. 새로운 생명의 소생을 일으킨 사람도 있었을는지도 모른다.

훌륭한 책은 한 인간의 생각을 바꾸고, 사회개혁의 원동력이 되고, 인류 역사의 방향을 전환시킨다. 책은 인간 생활의 길잡이이고, 지혜의 샘물이 되어 인간 생활을 풍요롭게 한다.

집을 만들어 살고, 차를 만들어 타고, 비행기를 만들어 멀리까지 여

행하고, 좋은 음식을 만들어 먹고, 병을 고쳐서 건강하게 살고, 좋은 옷을 만들어 입고, 가족 간의 유대를 강화하고, 이웃 및 세상 사람들과의 관계를 좋게 한다. 이 세상에 책보다 더 위대한 것은 없다.

책을 통해서 좋은 말씀을 듣고, 위대한 선인들의 사상에 접하고, 천지운행(天地運行)의 이치를 깨닫게 하는 등 모두가 책이 하는 일이요, 책이 이룩한 위대한 역사(役事)다.

만약 책이 이 세상에 없다면, 세상은 한 치의 앞도 보지 못하는 암흑세상이 될 것이다. 원시사회의 원시인들의 생활 그대로에 만족하며 살 것이다.

인류는 책 만드는 일이 어려운 일인데도, 그 일을 계속했고, 책 읽는 일이 어려운 일인데도 그 일을 계속하며 산다.

나라의 한 임금님이 글을 배우는 일이 정사보다도 훨씬 어려웠다. 그래서 왕사(王師)에게 임금을 위해서 특별히 마련한 쉬운 학문이 없느냐고 물었지만, 왕사는 학문에는 왕도(王道)가 없다고 하였다. 왕을 위해서 특별히 마련한 쉬운 학문이 없고, 학문은 만인에게 공통이라고 하였다.

중국의 진시황은 유생(儒生)들이 말이 많고, 자기가 하는 정치에 사사건건 관여한다 하여, 그들의 책을 거두어들여 불에 태우고, 유생들을 땅을 파서 묻었다는 분서갱유(焚書坑儒)의 사건은 이름난 사건이다. 하지만 세상은 이에 굴하지 않고, 책을 만드는 일을 계속하였고, 책을 읽고 세상을 변화시키는 일은 꾸준히 계속하여 왔다. 책이 없으면 인간은 야만의 상태 그대로에 만족하며 살 것이다.

책을 통해서 인간은 다양한 지식을 얻어 우리의 생활을 변화시키고, 위대한 사상과 진리의 말씀을 이어받아 세상을 더욱 빛나는 세상이 되게 한다.

책은 인간이 만들어낸 것 중에서 가장 위대한 정신적 소산이다. 매스

미디어가 세상을 뒤흔들고 있지만 그런 것에 비할 바가 아니다. 매스미디어는 잠시 인간의 마음을 현혹하지만 책은 인간을 교화하고 순화하는 영원한 인간기록이다.

세상의 모든 것이 사라져도 책만은 남아 세상을 지킬 것이다. 나라와 세상이 무너져도 책만은 남아 지금의 세상을 후대에 전할 것이다.

천년사직(千年社稷)은 무너졌지만, 책은 남아 그 사직의 역사(歷史)를 전한다. 경국(傾國)의 미를 자랑하던 절세의 미인도 가고, 한 시대를 주름잡던 인물들도 오간 데가 없지만, 그 시대를 기록하여 두었던 책들은 그대로 남아 그 시대를 전한다. 책 속에 기록된 위대한 사상과 진리는 그대로 남아 그 시대를 대변한다.

태평연월(太平烟月)도 한때의 꿈으로 사라졌지만, 그 시대를 풍미(風靡)했던 사상과 문화는 책 속에 오래 남아 그 시대를 대변해 줄 것이다.

세월이 아무리 흘러도 책은 남고, 권력은 무너져도 책만은 남고, 늘 책을 벗하여 사는 생활보다 더 아름다운 생활은 없다.

독서백편의자현(讀書百遍義自見)이라 하였다. 책을 백 번을 읽으면 그 뜻이 저절로 우러난다 함이다. 책을 읽어 늘 학문하기를 힘쓰면 그보다 더 기쁠 일이 어디 있겠느냐.(學而時習之 不亦悅乎) 책은 영원한 기록이고, 이 기록을 통해 인간 사회는 발전하고 교화된다.

## 왕자의 난

조선 태조 이성계에게는 두 아내가 있었다. 첫 번째 아내는 한 씨이고, 두 번째 아내는 강 씨였다. 한 씨에게는 아들이 6명이 있었고(방우, 방과, 방의, 방간, 방원, 방연), 두 번째 아내인 강 씨에게는 2명의 아들(방번, 방석)이 있었다.

조선이 개국 된 후에 태조는 2번째 부인 강 씨를 수비(首妃:으뜸 왕비)로 책봉했고, 첫 번째 부인 한 씨를 차비(次妃)로 삼았으며, 그 후에 두 번째 부인 강 씨를 왕후로 책봉하고 한 씨를 후궁으로 삼았다. 게다가 8번째 아들 방석을 자기의 대를 이을 세자로 책봉했다.

그러자 첫 번째 부인 한 씨 소생의 왕자들(6명)이 분을 참지 못하고, 태조 7년의 난을 일으킨 것이 제1차 왕자의 난이다.

제1차 왕자의 난에서 강 씨의 소생 두 아들(방번, 방석)이 살해되고, 첫 번째 부인 한 씨의 소생인 방과(두 번째)가 왕자로 등극했으니, 그가 곧 제2대 왕인 정종이다.

제1차 왕자의 난에서 주동의 역할을 한 왕자는 다섯 번째 아들인 방원이었지만, 왕세자의 자리는 방과(후에 정종)에게 양보했다. 방원은 왕의 자리에 대한 집념이 강했지만, 성격이 너무 과격해서 태조가 싫어했다. 그래서 당장의 왕의 자리는 둘째 아들인 방과에게 양보했지만,

방과는 유약하고 무능해서 장차 그 자리를 양보 받을 속셈이 컸다.

그 후 정종(2대)을 압박하는 이 방원의 행위에 다른 왕자들이 분개하여 방간(넷째)이 난을 일으킨 것이 제2의 왕자의 난이다. 그러나 이 방원은 이를 제압하여 비어있었던 왕세자의 자리에 등극하고, 정종에게 왕위를 양보 받아 즉위하니, 그가 곧 조선 제3대 왕인 태종이다.

이 방원이 왕이 되자 태조 이 성계는 함흥으로 올라가 돌아오지 않았다. 태종이 여러 차례 사신을 보내 귀경을 권유했지만, 가는 사신마다 다 죽여 없애버렸다. 어떤 사람이 돌아오지 않고 불귀(不歸)의 객이 되면, 함흥차사 격이 되었다는 말도 그래서 나온 말이다. 이에 얽힌 이야기가 전해지지만 지면 관계로 이 정도로 하겠다.

당시는 아직 건국 초기여서 병권(兵權)이 국가에 집중되지 못하였고, 왕자들도 각기 사병(私兵)을 거느리고 있었다. 이런 사실이 두 차례의 왕자의 난이 일어난 원인이 되었다. 그 후 사병을 혁파하여 모든 군대를 국가의 군대로 통합하게 되었다.

그 전에 이 방원은 정 몽주를 비롯한 개국의 반대 세력을 제거하는 공을 세웠고, 세자 방석을 도왔던 정 도전(鄭道傳) 일파를 제거했다.

정 도전은 조선의 개국공신으로 남은(南誾)과 같이 고려 제34대 공민왕을 폐하고 이 성계를 도와 개국의 일등공신이 되었다. 조선경국전(朝鮮經國典)을 찬진(撰進)하였고, 고려사 37권을 편찬(編纂)하였으며 세자 방석을 돕다가 방원에게 피살되었다.

*　　*

나는 역사가도 아니고 이 글 또한 역사적 기록을 쓰고자 함이 아니어서, 더 쓰고 싶지만, 이 정도로 그치는 것이 좋겠다. 지금 우리나라에는 정도전 기념관이 건립되어 있고, 그에 대한 연구서도 나와 있을 정도로 이름난 사람이니, 더 알고자 하면 개인적으로 연구하기 바란다.

왕자의 난이란 왕자들 간에 일어난 권력 싸움이다. 권력은 누구나 누리고 싶어하는 것이어서 그 싸움만큼 치열한 싸움도 없다. 일단 싸움이 시작되면 혈육이고 뭐고 상관없이 피를 보아야 끝이 난다. 권력은 힘으로 쟁취되는 힘의 싸움이다.

사람이 있는 곳에는 그곳이 어느 곳이든 권력에 대한 욕구가 있고, 권력이 오래 계속되는 한 피의 살육(殺戮)이 있다. 왕자의 난이란 일인지하(一人之下) 만인지상(萬人之上)의 권좌를 누리려고 행한 난이어서, 그 처절함이란 이루 말할 수 없다.

정치란 허업(虛業)이라고 누차 강조해도 아무 소용이 없고, 허망하게 끝나 후회막급할 날이 온다고 극구(極口) 말려도 소용이 없다. 정치에 눈이 뒤집히면 폐가망신(廢家亡身)의 불행을 겪고, 쪽박을 차는 거지 신세가 되는 것을 보아도 소용이 없다.

권력의 유혹이 이렇게 크다 보니, 권력 남용(權力濫用)에 빠지고, 권력 남용에 빠지면 가족은 물론 아무것도 눈에 보이지 않는다. 무제한 권력을 휘두른 자 중에 타락하지 않는 자는 없다. 무한 권력은 언젠가는 망하고, 절대권력은 절대적으로 망한다.

돈과 권력은 무한 관계를 갖는다. 돈과 권력을 쟁취하기 위해 사람들은 무한 질주를 한다. 세도가(勢道家)들이 누리는 권력의 종말이 어떠한지는 다음 시조에 잘 나타나 있다.

나무도 병이 드니 정자라도 쉴 이 없다.
호화이 서신 제는 올이 갈이 다 쉬더니
잎지고 가지 꺾은 후 새도 아니 앉는다.(鄭澈)

나무에 병이 드니 정자 밑에서 쉬어가는 사람도 없더니만, 호화롭게 살 때는 가는 사람 오는 사람 다 쉬어 가고, 나뭇잎 지고 가지마저 꺾인 후에는 새도 와서 앉지 않는다는 내용의 시다.

세도(勢道)가 좋아 술이 있고 밥이 있고 겸하여 말까지 있으면, 지나는 길손들도 찾아들어 쉬어가지만, 권세의 쇠줄이 끊기면 즐겨 찾던 지인들도 다 등을 돌리고 돌아선다.

물이 깊으면 온갖 물고기들이 찾아들지만, 물이 마르면 오던 물고기들도 다 돌아선다.

좋은 것일수록 끝나면 허망함이 크고, 아름다운 것일수록 추함이 크다. 따뜻한 것이 식으면 그 차가움이 더 크고, 풍요가 크면 클수록 적빈(赤貧)의 처절함은 한이 없다.

권좌처럼 높고 좋은 것이 없지만, 그 자리가 높을수록 떨어지는 소리는 더 크고 애처롭다. 맑은 지조와 높은 기개(氣概)는 백성을 편안하게 하지만, 탐심(貪心)에 눈이 어두우면 백성은 헐벗고 굶주린다.

오늘의 높은 자리는 영원히 높지 않고, 나는 새도 떨어뜨리는 권세는 영원히 누리는 권세가 아니다.

정치는 현대인의 우상이요 신이다. 무소불위(無所不爲)의 권력으로 세상을 뒤집고 후비고 다닌다. 시냇물도 없는데 다리를 놓아주겠다는 공약(空約)을 하고, 나라의 앞날은 안중에도 없고, 다음 선거에서 이길 것만 생각한다.

정치의 요체(要諦)는 나라를 태평케 하고 백성을 편안하게 하는 것이다. 가렴주구(苛斂誅求)로 애잔한 백성의 것을 긁어다가 호의호식(好衣好食) 배를 채워서는 안 된다.

왕자들이여! 아무리 권력이 좋다고 해도 형우제공(兄友弟恭)의 의미를 알면 한 발자국도 움직여서는 안 된다. 높은 자리가 욕심이 나서 형제간에 칼을 휘두르고, 재물이 욕심나서 형제간에 골육상잔(骨肉相殘)을 해서는 안 된다.

자리가 욕심나서 12살짜리 조카를 죽여 영월 땅 동강 물에 띄워 보내고 수많은 신하들을 죽여 피로 물들인 조선 제7대 세조 임금의 치욕과 불명예는 천추의 오욕(汚辱)으로 만세에 남을 것이다.

정치는 생활이요 현실이다. 너무 가까이하면 타서 죽고 너무 멀리하면 얼어서 죽는다.(不可近 不可遠) 백성을 깨우쳐 바르게 하고, 배부르게 먹고 살게 해야 한다. 개인의 영달을 위해 허상(虛像)을 좇지 말고, 한 치라도 잘못 움직였다가는 나도 죽고 백성도 죽는 공도동망(共倒同亡)의 불행을 겪는다.

정치하는 자는 바르고 정직해야 한다. 정직하지 못한 자는 정치를 해서는 안 된다. 나랏일에 막힌 데가 없도록, 그늘진 곳이 없도록 잘 보살펴야 한다. 그럴 능력이 없는 자는 정치에 발을 들여놓아서는 안 된다.

## 잃어서는 안 되는 것

지금이 한겨울인데도 꼬마 놈들 중에 장갑을 끼고 다니는 놈은 거의 없다. 얼른 보기엔 추울 것처럼 느껴지지만 결코 그렇지가 않다. 옷은 두꺼운 겨울옷 차림이지만 손은 맨살을 드러내놓은 채 다닌다. 그러다 보니 그놈들에겐 아예 장갑 같은 것은 필요 없는 것이 되었다. 자식을 걱정하는 마음에 부모들은 이미 좋은 것으로 골라 집안 어느 곳에 놔두었을 것이다. 한기(寒氣)에 그들의 손은 시뻘겋지만, 그들의 뜨거운 피 때문인지 장갑을 끼는 것 자체가 거추장스럽다.

나는 사정이 그들과는 사뭇 다르다. 아무리 이곳이 한반도 남단이라 해도, 겨울을 지내려면 꼭 갖춰야 할 것이 몇 가지가 있다. 첫째가 장갑이요, 둘째가 마스크다. 물론 두꺼운 토퍼는 필수적이다.

이른 새벽에 밖에 나가 늘 하던 일을 한 시간 정도 하고 들어와야 한다. 한서(寒暑)의 구별 없이 이 일은 연중무휴(年中無休) 계속되어야 한다. 한겨울을 무사히 넘기려면 이 일은 꼭 해야 한다. 나이가 들수록 더욱 그러해서 겨울이 오기 전부터 이것들을 잘 챙겨야 한다. 장갑과 마스크 등은 값이 비싼 것은 아니지만 가치 중에서도 최우선적 가치에 속한다. 이것들을 간수하는데 마음을 쓰지 않으면 추운 겨울의 재앙을 각오해야 한다.

얼마 전에 병원엘 갔더니 의사 선생님이 마스크를 꼭 하고 다니라고 당부를 했다. 찬바람 직풍(直風)을 잘못 맞았다간 겨울의 불청객을 만날 수도 있기 때문이다. 겨울에는 뭐니 뭐니 해도 제일 무서운 것이 겨울의 불청객인 감기다. 감기에 걸리지 않고 겨울을 나는 것보다 더 잘하는 일은 없다. 더군다나 내 몸이 노구이니 이놈이 찾아오기가 쉽고, 찾아오면 자리 잡아 살기가 좋은 모양이다. 한 번 이놈에게 잘못 걸려들면 자기 하고 싶은 대로 할 짓을 다 하고 나간다.

옛말에 총명이 불여둔필(不如鈍筆)이라는 말이 있다. 아무리 기억력이 좋은 사람도 적어두는 일만큼은 못하다는 뜻이다. 돈을 꿔준 사람은 빌려준 사람보다는 훨씬 더 오래 기억한다. 돈을 잃지 않으려는 욕심 때문이다.

기억에 관한 한 사람처럼 불완전한 동물은 없다. 더군다나 나처럼 나이 든 사람은 더 말할 나위가 없다. 그러다 보니 장갑이나 마스크를 잃어버리는 횟수가 부지기수다. 사람의 기억은 잠시를 견디지 못하고 곧 씻기고 만다.

행복한 마음이 아름다운 얼굴을 짓는다 하였듯이, 마음 짓는 바에 따라 사람의 얼굴도 또한 밝고 어둡게 지어진다. 마음 짓는 바에 따라 세상 모든 것도 그렇게 지어진다. 마음을 잃지 않도록 평소 마음 단련에 힘써야 한다. 아무리 그렇게 한다 해도 자주 잃어버리니 큰 탈이다. 요사이 약방에 가면 마스크는 1~2천 원이면 사지만, 값이 싸다 하여 그 쓰임새마저 싼 것은 아니다. 소홀히 했다간 추운 겨울에 혹독한 보응을 받는다. 그간 장갑과 마스크를 수없이 잃었으니 그에 얽힌 이야기도 많다.

얼마 전에 집사람이 사다 준 것을 그대로 끼고 다닌다. 군인들이 끼는 것 같은 아주 두꺼운 것이다. 볼품은 없지만 아주 따스워서 좋다. 사람들은 몇 차례의 시련을 겪은 후에야 철이 든다. 볼품은 없지만, 세상의 어느 것보다도 더 귀한 것이 되었다. 잘만 하면 죽을 때까지 나와 수(壽)를 같이 할 나의 좋은 지체(肢體)가 될 것이다.

사람에게는 사람을 다스리는 마음이라는 것이 있다. 그 마음이 바로 서 있으면, 사람은 바르게 움직이지만, 그렇지 못하면 그 길에서 멀어진다. 사람의 마음속에는 참 이상한 놈이 살고 있다. 이 이상한 놈이 잘못 날뛰지 않게 조심해야 한다. 이 이상한 놈을 잘 다스리면 기쁨을 누리고 살지만, 잘못 다스리면 우리를 힘들게 한다.

마음의 바탕이 밝으면 어두운 방 안에서도 푸른 하늘이 보이지만, 마음의 바탕이 어두우면 백일하에서도 귀신이 나타난다(心體光明 暗室中有靑天 念頭暗昧 生厲鬼) 하였다.

사람의 마음처럼 변하기 쉬운 것은 없다. 마음이 바르게 서 있지 않으면, 보고, 듣고, 말하는 것 모두가 제대로 되지 않는다.

세상이 날로 어두워져서 잘못하다간 마누라를 잃어버리는 세상이 되었다. 얼마 전까지만 해도 나라에서 법으로 가정을 지켜주었지만, 이제는 그 법을 거두어 가버렸다. 나라에서 각 가정에 쳐주었던 울타리를 거두어 가버리니, 가정이 세상에 무한히 노출되고 말았다. 자기가 선택한 일은 자기가 책임을 져야지, 나라에서 개인의 사생활까지 책임질 수가 없다는 것이 그 이유였다. 도덕 재무장을 하지 않으면, 가정은 옛날처럼 믿고 사는 곳이 못 되고, 서로가 믿지 못하고 사는 곳이 되었다. 마누라 단속을 잘해야 하고, 남편 단속을 잘해야 하는 세상이 되었다. 남편이 아내를 의심하고, 아내가 남편을 의심하기 시작하면, 가정은 헤아릴 수 없는 소용돌이에 휘말린다.

장갑이나 마스크 같은 것들은 잃어버려도 쉽게 구할 수 있지만, 매일 같이 사는 사람을 잃어버리면 세상의 불행 중에 가장 큰 불행이 된다. 다시 구할 수 있다고는 해도 그 일이 결코 쉬는 일은 아니다. 구했다 하더라도 마음 맞춰 사는 일은 더더욱 어려운 일이다.

세상에는 잃어도 괜찮은 것이 있고, 잃어서는 안 되는 것이 있다. 무엇이 그런 것인지 잘 헤아려 살기 바란다. 소 잃고 외양간 고치는 우를 범하지 않도록 많은 노력을 기울여야 한다. 마음을 잃으면 아무것도 보이지 않고,(The eye is blind if the mind is absent.) 세상 모든 것을 잃는다.

# 내가 남기고 갈 광주리

인생이란 광주리를 들고 과일을 따는 한 여인과 같다고 하였다. 광주리가 차든 안 차든 해가 지면 언제든지 집으로 돌아가야 한다. 광주리를 가득 채워서 돌아가는 여인도 있고, 그렇지 않고 반도 채우지 못하고 돌아가는 여인도 있다.

인생의 종말은 예고 없이 불시에 찾아온다. 늘 대비하며 살아야 한다. 옛날에는 6, 70세를 정명(定命)으로 알고 살았지만, 지금은 100세까지는 거뜬히 사는 세상이 되었다.

죽음의 사자가 내 문을 노크하면 언제든지 자기가 채운 광주리를 들고 따라나서야 한다. 죽음의 사자는 염라 대국의 사자들로, 우리에게 와서 우리의 아랫도리를 막대기로 두들겨 본다고 한다. 아랫도리가 아직 짱짱하면, 그냥 돌아가지만, 부실하면 데려갈 날짜를 정한다고 한다. 한두 차례는 연기해 주지만, 영 안 되겠다 싶으면 날짜를 정해, 그 날에 와서 그 일을 집행한다.

일인일사(一人一死)의 원리는 만고의 진리여서, 이를 피할 자는 아무도 없다. 가지 않겠다고 떼를 써봤자 아무 소용이 없고, 얼마를 봐주라고 통사정을 해도 소용이 없다.

언젠가 한 친구로부터 자기의 묘에 세울 비문을 써달라는 요청을 받았다. 그런데 그가 요청한 초안에는 공수래 공수거(空手來空手去)가 그의 생의 좌우명이라고 했다. 빈손으로 왔다가 빈손으로 가는 것이니, 살아생전에 생명을 바쳐 일하고, 가진 것은 이웃이나 세상에 다 내놓고 가야 한다고 했다.

그런데 그가 이 세상에 와서 세운 공적은 이루 말할 수 없이 많다. 지방에서 세워준 공적비가 있고, 그가 문중을 위해 쓴 가승보(家乘譜)가 있고, 5, 6백 페이지 이상이 되는 책을 여러 권 썼고, 그 외에도 많은 공적이 있다. 그의 능력의 위대함에 감탄하지 않을 수가 없다.

그의 비문을 다듬으면서 공수래 공수거라는 말을 삭제하고 보내주었다. 비 제막식에 와서 축사를 해달라고 해서 가보았더니 비문에 그 말이 그대로 넣어져 있었다.

인생은 빈손으로 왔다가 빈손으로 가는 것이 아니다. 인생의 여정(旅程)만큼 위대한 여정도 없다. 빈손으로 왔다가 빈손으로 가는 허망한 여정이 결코 아니다. 많은 업적을 이루고 간다. 생각의 차이 때문에 나는 없애려고 했던 글귀를 그는 없애지 않고 그대로 놔두었다.

우리가 일생에 이룩한 공적은 우리의 뒤를 빛내는 찬란한 생의 행적(行迹)이 된다. 우리가 가지고 갈 광주리가 빈 광주리가 아니고, 힘이 부쳐서 들기 어려울 정도의 무거운 광주리가 되어야 한다. 혼자 들기 어려우면 죽음의 사자들이 같이 들어줄 것이고, 그래도 안 되겠으면, 그들이 손수레나 다른 운반 기구를 가지고 와서 싣고 갈 것이다.

생전에 그가 쌓은 공적은 세상을 움직이는 힘이 될 것이다. 취생몽사하여 허망하게 세상을 살다 가면 대국의 사자들이 그를 내동댕이쳐서 훨훨 타는 화염(火焰) 속에 집어넣어 버릴 것이다.

인생 100세는 장구한 세월이다. 그처럼 긴 세월을 무위도식(無爲徒食)으로 아무것도 이룬 것 없이 살다가 빈손으로 가서는 안 된다. 손톱자국이라도 남겨 놓아 이 세상에 왔다 간 흔적으로 삼아야 한다. 나는 책이라도 몇 권 남겨놓고 가니 살다간 흔적이 된다.

어떤 사람은 돈을 많이 벌어서 뒷사람들이 쓰게 하고, 또 어떤 사람은 큰 사업을 남겨놓아 뒷사람들이 그 사업으로 먹고살게 한다. 위대한 예술가는 불후(不朽)의 명작을 남겨놓아 후대들을 기쁘게 하고, 뛰어난 인격자는 고매한 인품을 남겨주어 뒷사람들이 본받아 살게 한다. 위대한 사상가는 위대한 사상을 유산으로 남겨 훗날 사람들의 정신적 지주가 되게 한다.

어떤 사람은 훌륭한 가정을 남겨 놓아, 가족들이 서로 단합하여 사는 모습을 보여준다. 위대한 정치가가 위대한 정치력으로 백성들을 편하게 살게 하였다 해도, 좋은 가정을 남기지 못하고 가면 그것은 크게 잘 산 것은 아니다.

가정은 세상의 중심이고 남편과 아내는 가정의 중심이다. 가족들이 단합하여 사는 모습보다 더 아름다운 것은 없다. 우리 가정이 잘되면 이웃이 잘되고, 이웃이 잘되면 온 세상이 잘된다.

인도의 이름난 시인인 타고르는 "나의 인생의 보람의 열매가 여기 있습니다. 나의 6·70년의 생애의 결정이 이 광주리 속에 있습니다. 나는 이것을 남겨놓고 갑니다."

시인은 시를 남기고, 학자는 사상을 남기고, 화가는 그림을 남긴다. 과학자는 발명품을 남기고, 기업가는 큰 기업을 일으켜 세상을 돕고 간다. 그러한 행동 속에 사람의 보람이 있고, 그것이 곧 세상을 빛내는 큰 길이 된다.

인생을 빈손으로 왔다가 빈손으로 가는 허망한 과정이 아니다. 특히 인생 말년을 정열 없이 살면 전 인생을 잘못 산 것이 된다. 자기가 하는 일이 무엇이든 열심히 행하며 살면 그것이 곧 세상을 바르게 살다 가는 것이 된다.

모든 사람은 무한한 잠재력을 가지고 있다. 하늘의 영광에도 이를 수 있는 잠재력을 가지고 있다. 곤궁하게 사는 것이 허물이 아니며, 조금 성취가 적더라도 허물은 아니다. 열심히 살고 바르게 살다 가면 그것이 곧 바르게 사는 길이다.

옥도 갈지 않으면 좋은 그릇이 되지 못하고(玉不琢不成器), 갈고 또 갈면 광채 찬란한 그릇이 된다. 하늘의 영광에도 이르는 잠재력을 발휘하도록 세상에서 힘써 노력하며 살기를 기원하며 이만 줄인다.

## 사노라면

사람이 살아가는 데 늘 한결같을 수가 없다. 병마가 가끔 찾아와 건드리기도 하고, 예상치 않은 일이 생겨 힘들게도 한다. 섭생에 유의하고 많이 움직이며 살면, 병마도 감히 우리를 넘보지 못할 것이다. 그러나 이놈이 우리에게 쳐들어오는 것을 보면, 이놈도 만만한 놈은 아니다. 잠시라도 경계를 늦추고 살다간 이놈에게 무참히 당한다.

특히 인생 말년에 병마에게 공략을 당하면 잘못하다간 간다. 아무리 잘 대비한다 해도 겨울의 불청객은 가끔 찾아와 우리를 괴롭힌다. 그러나 평소에 경계심을 늦추지 않고 살면 이놈도 감히 넘보지 못할 것이다.

내 나이가 산수(傘壽)의 고비를 넘긴 지 오래다. 더도 덜도 말고 지금의 건강을 유지하며 살다가 고종명(考終命)의 축복이나 누리며 갔으면 한다.

세상만사가 다 내 맘대로 되는 것은 아니다. 아무리 그래도 몸만 안 아프면 어떻게든 산다. 몸이 아프다 해도, 도처에 좋은 병원이 많아 그곳에 가면 다 고쳐준다. 이 세상과의 인연이 끝난 사람은 어쩔 수가 없지만, 살아 있는 사람은 노력만 하면 어떻게든 산다.

가을이 오면 단풍이 들고(秋來樹葉黃), 세월이 가면 사람의 머리는 희어진다.(歲去人頭白) 삼라만상은 이렇게 세월 따라 흐른다. 세월은 끊임없이 흐른다. 우리가 일하는 사이에도 흐르고, 우리가 잠자는 사이에도 흐른다.

이 세상에 살면서 아무 일 없기를 바라지만, 단 하루도 아무 일 없는 날은 없다. 작은 일이 속을 상하게도 하고, 큰일이 일어나 속을 뒤집어 놓기도 한다. 가장 가깝다는 아내와도 싸우고, 형제간과도 싸운다.

사람에게는 예측불허의 일이 일어나 행불행(幸不幸)으로 갈라놓는다. 슬픈 일이 일어나 펑펑 울어도 시원치 않고, 기쁜 일이 일어나 하늘을 날 것 같지만, 오래 계속되지는 않는다. 희즉기완(喜則氣緩)이라는 말이 있다. 너무 기쁘면 기운이 빠진다는 말이지만, 그런 기쁨도 잠시일 뿐이다. 슬프다가 기쁘고, 기쁘다가 슬픈 것이 우리 인간의 생활이다.

어떤 때는 앞이 막혀 캄캄할 때도 있다. 갈 길은 먼데 산이 첩첩하다. 일손이 잡히지 않아 망연자실(茫然自失)할 때도 있다. 이 세상에 편한 사람은 없고, 다 우여곡절(迂餘曲折)을 겪으며 산다. 편한 것처럼 보여도 편하지 않고, 행복한 것처럼 보여도 행복하지 않다. 영원히 행복한 사람은 없고, 영원히 불행한 사람도 없다. 사노라면 어려운 일이 풀려 쉬워지고, 슬픔이 기쁨이 되어 돌아온다.

우리가 살다 보면 "버드나무가 무성하고 꽃이 피어 있는 마을이 또 있다"(柳暗花明又一村)라고 하였다. 살다 보면 검은 구름이 걷히고, 찬란한 희망의 서광이 비칠 날이 올 것이다.

조용히 눈을 감으면 옛날에 했던 일들이 주마등처럼 스친다. 잘못한 일에 이르면 부끄러운 마음이 일어 나를 괴롭게 한다.

가난을 너무 탓하지 마라. 게을러 가난한 것은 부끄러울 일이지만 열심히 하는데도 가난하게 살면, 타고난 분복(分福)이 그런 것을 어찌하겠는가 하라. 체념하고 마음 편할 도리를 찾아 살면 큰 위안이 될 것이다.

행복은 짧은 것이고 불행 또한 영원한 것이 아니다. 부귀도 오래 머무는 것이 아니고, 빈천(貧賤) 또한 오래 머무는 것이 아니다. 노력하기에 따라 잠시 오고 가게 하는 것이니, 분발하여 살면 기쁨을 누리며 살 것이다. 부자라고 교만하다간 하늘의 책망이 클 것이고, 가난하다고 굽신거리고 살면 영원히 가난을 면치 못할 것이다.

동료들과의 관계도 늘 좋은 것이 아니고, 가족 간의 관계도 늘 좋은 것은 아니다. 부자유친(父子有親)의 관계도 늘 좋은 것은 아니고, 형우제공(兄友弟恭)의 관계도 늘 잘 유지되는 것은 아니다. 흐렸다가 개이고, 개였다가 흐려진다. 사노라면 이런저런 일이 다 일어나니, 서로 잘 이해하고 양보하고 용서하며 살아야 한다.

번뇌에서 벗어나 살고자 하지만 뜻은 있어도 길은 멀고, 늘 화평과 고요 속에서 살고자 하되 뜻하는 대로 잘 되지 않는다. 마음속에 타오르는 불길을 끄고자 하되, 끌 길이 없다. 끄려고 하면 더 큰 불길로 타오르니, 마음 다스려 사는 일에 힘쓸 일이다.

세상은 날로 변하기를 거듭하고, 어찌나 빨리 변하던지 불확실성의 시대에서 살고 있다. 사람의 의리는 잠시의 실수에서도 깨지고, 세상의 정은 돈 있는 곳으로 모인다. 어제의 것이 오늘의 것이 아니고, 믿었던 믿음이 곧 깨져 믿지 못하는 것이 된다.

자식들 걱정 너무 하지 말고, 타고난 대로 그들의 재능대로 살도록 도와주면 나라의 큰 장목(長木)으로 성장할 것이다. 지금 당장의 성과에 급급하지 말고, 눈을 멀리에 두고 살도록 해야 한다.

서로 이반(離反)하고 분열하는 일이 어찌 없겠는가만, 사람들끼리 서로 사는 데서 생기는 일이니, 마음을 합하여 살려고 노력하면 기쁨과 행복을 찾아 살 것이다.

사노라면 별의별 일이 다 있는 것이니, 잘못했다 하여 너무 서운하게 생각하지 말고, 차분히 그리고 바르게 사는 방도를 찾아 살면, 필연 일이 잘 되어 기쁨을 누리며 살 날이 올 것이다.

# 한 약골 후배의 이야기

고향의 한 후배로부터 서신을 받았다. 그 전에도 몇 차례 받았고, 그가 쓴 책도 많이 받았다. 몇 권의 책을 썼는지는 모르나 꽤 많은 책을 쓴 것 같다.

지금은 나와 같이 살았던 옛 고향에서 사는 것이 아니고 경기도 안양에서 산다고 한다. 그가 쓴 책이 많아서 그의 이름이 세상에 많이 알려져 있다. 하등 숨길 이유가 없어서 여기에 그의 이름을 밝힌다. 그의 이름은 김 용석이다. 그를 알고 있는 사람들은 그가 이처럼 약골 인생을 살아온 것에 깜짝 놀랄 것이다.

이번에 받은 서신에는 자기의 병치레 내력이 동봉되어 있었다. 그간의 그의 병력이 A4용지 5장에 빼곡히 적혀 있었다. 그 서신을 읽고서야 그가 약골 인생을 살아왔다는 것을 알게 되었다.

나는 건강하게 태어나 별 탈 없이 80평생을 살았으니 그와는 비교가 안 된다. 눈을 감고 그간 내가 앓아온 병력을 찾아보려 해도 몇 가지를 제외하고서는 생각이 잘 나지 않는다.

자질구레한 병이야 어찌 없었겠는가만, 그런 것까지 다 쓰려고 하면, 내 것도 쓸 것이 많다. 그간 감기 같은 것은 연중행사처럼 치렀고, 독감에도 걸려 고생을 했다. 얼마 전에는 대상포진에 걸려 수원에 있는 김

찬 전문병원에 입원하여 치료를 받은 적이 있다. 하지만 그런 것은 후배의 병력에 비하면 조족지혈(鳥足之血)에 지나지 않는다.

그는 선천적으로 승모판막 폐쇄부전에 걸려 숨길이 가빠 힘들었고, 간디스토마에 감염되어 간에 여러 개의 반점이 생겼고, 전립선 비대증을 앓아 요도가 막혀 요도에 주머니가 달린 호스를 차고 다녔다. 콩팥에 돌이 생겨 고생을 했고, 진새벽에 배뇨가 불편하여 전립선, 신장, 방광염, 초음파검사를 했고, 방광 내시경 검사를 한 결과 방광에 혹이 있는 것이 발견되었고, 요결석이 있어 평생 가지고 살 수밖에 없었다.

무거운 짐을 지거나 무리하여 피곤이 누적되거나, 과격한 운동을 하면, 피오줌이 나오고, 또 신경을 많이 쓰거나 화를 내면 큰일이 일어날 줄 알라는 의사의 경고음을 받아야 했다. 이런 몸으로는 70세도 못살 것이라고 했지만, 그 말이 무색할 정도로 금년 나이 82세에 이르렀다.

청각에 이상이 있어 양쪽 귀에 보청기를 끼고 다니고, 지금 끼고 다니는 보청기가 두 번째라고 했다. 근래에는 수면 불량으로 불면증 치료제와 수면 유도제의 도움을 받아 겨우 잠을 잔다.

전신이 약한지라 등산하다가 넘어져 깁스를 한 채로 두 달 이상 고생을 했고, 최근엔 혈압이 높아 혈압약을 먹고 있으며, 시력이 안 좋아 백내장 수술을 했다. 달리거나 산에 오르는 일은 겨우 흉내를 내고, 등에 가벼운 짐을 지는 것도 젊었을 때 겨우 체면을 유지할 정도였다. 5페이지 달하는 그의 병치레 이야기를 1페이지 정도로 줄여서 하게 되니, 그의 긴 이야기 속에 담긴 아기자기한 이야기의 맛이 없어졌다. 한 편의 단편을 읽는 것처럼 재미있던 그의 글이 그 맛이 사라지고 무미건조한 글이 되었다.

그간 그르렁거리며 82세가 되도록 살았으니, "삐걱거리는 문이 오래 간다(The creaking door hangs long.)는 옛말이 생각난다. 일병장수라는 말이 있지만, 일병이 아니라 그의 몸은 마치 종합병원을 방불케 한다. 이제는 잃을 것도 없고, 얻을 것도 없이 되었으니 영원무궁 살 일만 남은 것 같다.

내가 그의 이야기에 감동한 것은 평생 병마와 싸우면서도 할 일을 다 했고, 말년에 이르러서는 더 많은 일을 했다. 그가 한 일이 어찌나 많던지 여기에 매거(枚擧)하기가 어렵다. 내가 귀동냥하여 들은 바가 있지만, 잘못했다간 되레 그에게 누가 될 것 같아 이 정도로 하겠다. 조금만 더 붙이자면 그는 동국대학교에서 농학을 전공한 지라 그에 관한 저서가 많고, 농촌 봉사 활동이나 문맹자(文盲者) 지도에도 아주 많은 기여를 했다.

그의 글은 계속 이어졌다. "병자생 쥐띠"이니 내 나이 82세가 되었다. 81세가 되면 90세까지도 바라볼 수 있다 하여 망구(望九) 또는 망구순(望九旬)이라고 한다. 의술에 기대면 조금 더 살 수 있지 않을까 싶다. 악착같이 기를 쓰고, 용까지 쓰며 버티면서 조금만 더 연명했으면 한다. 노구엔 가족의 그늘이 크고, 곁에 있어도 그립기 때문이다. 자기 건강은 자기가 챙기고 자기가 책임져야 한다. 체질은 운명이지만 그 관리는 자기가 책임져야 한다."

"고린장이 더디 없어진다."는 말이 있듯이 고린내가 나면 빨리 없어져야 하는데도 그러지 않고 더디 없어지니 그런 회한(悔恨)은 누구에게나 있다. 그래도 목숨이 끊어지지 않으니 세상의 이해를 구하며 살 수밖에 없다.

"아무리 튼튼한 끈도 잡아당기면 가장 약한 부분에서 먼저 끊어지듯, 이제 80이 지났으니 지병들이 발동하면 갈 수밖에 없다. 내가 죽었다는 소식을 들으면 이유는 묻지 말고, 오는 것은 자유이고, 내가 가지고 갈 것은 아니니 봉투는 필요 없고, 많은 고질병을 앓으면서도 의미 있게 살려고 버텼으니, 술이나 한잔 따라주면 고맙겠다"고 썼다.

의미 있는 삶을 살려고 무진 애쓰며 산 사람이다. 한 치의 가식도 없는 진실한 표현들이다. 평소에 그에 대해서 훌륭한 후배로 알고 있었지만, 그런 병마와 싸우면서 살고 있었는지는 미처 알지 못했다. 산다는 것은 고생하는 것이요, 싸우는 것이라는 말을 수없이 들어왔지만, 이제야 그 의미를 알 것 같은 생각이 든다.

그의 뒷바라지를 한 그의 아내가 얼마나 고생했는지는 안 보고도 알 것 같고, 자식들을 잘 키워 세상에 내놓은 그 부부의 노력을 알 것도 같다. 자식들을 알려고 하면 그들의 부모를 보면 안다 하였다. 자식들에 관한 이야기를 들어본 적도 없지만, 보지 않고도 알 것 같다.

그 사람은 그런 약골 몸으로 평생을 살았다. 젊었을 때는 젊음의 힘으로 사람 시늉을 하며 살았겠지만, 늙어서는 더 치열한 몸의 고통과 싸우며 살아야 했다. 그런 어려운 상황에서도 조금의 의기저상(意氣沮喪)하지 않고, 많은 책을 썼고, 세상의 그늘진 곳의 많은 어려운 일을 맡아서 했다. 인간 승리의 기록이요, 인생을 지극히 사랑한 열애자(熱愛者)의 기록이다.

진실한 말은 간단하고 수식어가 필요 없다. 수식어가 많을수록 말의 힘을 약화시킨다. 그를 더는 설명할 필요가 없는데도 자꾸 써진다. 다시 말하지만, 진실한 말은 간결해야 하고, 말이 간결할수록 강한 힘을 갖는다. 아무리 그래도 조금 더 써야겠다.

그는 소박하고, 천진난만하고, 순수하고 열정적이다. 세상을 바르고 의미 있게 살려는 의지와 열정이 오늘의 그를 만들었다. 그간의 그의 노력이 노년의 그를 만들었다. 자신을 가다듬는 데 쉴 틈이 없었고(自彊不息), 어찌나 열심히 살았던지 나태를 즐길 틈이 없었다.(孜孜不倦)

80세의 나이를 산수(傘壽)라고 한다. 우산을 써야 할 나이이다. 우산을 쓰지 않으면 자연재해를 막을 수 없다. 청춘은 가고 세월은 흐른다.(桃花流水) 세월에 밀려 살다가 힘이 부치면 간다. 마음씨가 고운 사람은 하늘이 점지하여 돕는다고 한다. 91세가 되면 망백(望百)의 희망이 있는 것이니, 내친김에 백 세에 진입하는 영광을 누리기를 기원한다. 연부역강(年富力强) 노익장(老益壯)의 기세로 초능력을 발휘하여 살면 100세도 훨씬 넘겨 살 수 있을 것이니 용기백배하여 살기를 기원한다.

## 내 마음 속의 파랑새

대학교 4학년 때 시골의 한 사립고등학교에서 독일어를 가르쳐 달라는 요청이 들어왔다. 군에서 제대한 지가 1달여밖에 되지 않고, 그간 알고 있었던 것도 다 까먹은지라 가르치기가 힘들 것 같았다.

한 달 후면 후학기 개강인지라 나도 어려웠지만, 학교의 사정도 어려웠다. 강의를 하기로 하고, 교과서 3권을 받아 와서 공부를 하기 시작했다. 1달 동안에 3권을 다 섭렵(涉獵)하기가 어려운지라 강행군에 돌입했다. 주마간산격(走馬看山格)으로 세 권을 한번 훑어보고 강의실에 들어갔다.

그 전 3명의 후보자들이 학생들에 의해 쫓겨났고, 내가 네 번째라고 했다. 잘못하다간 나도 인생을 시작하기도 전에 침몰당하는 불행을 겪을 것도 같았다. 선배 교사가 나더러 잘못 왔다고 했다. 그간에 내가 쌓은 명예(?)나 체면이 일시에 무너질 것 같은 느낌도 들었다. 겁도 났지만 이미 받아놓은 밥상이고, 그 밥상을 물리칠 수가 없었다. 용감하게 대들지 않다간 큰일이 일어날 것도 같았다. 사즉생(死卽生) 생즉사(生卽死)의 각오로 해야 했다. 주사위는 이미 던져진 것이고, 나에게 던져진 돌을 내가 쳐내야 한다.(擲石)

애들에게 솔직해야겠다는 생각이 들어서 사실대로 이야기했다. 몇 달간의 여유를 달라고 했다. 머릿속이 아직 어수선하고, 너희들 앞에 설 준비가 되어 있지 않다고 했다. 그 말이 주효(奏效)가 되었던지 강의실은 조용하고 까다롭지 않게 강의는 진행되었다. 그러기를 몇 년 계속하다가 공립학교로 나와 강의를 했고, 그 뒤 승승장구(乘勝長驅)하여 대학에서 강의하는 영광까지 누리게 되었다.

대학 강의는 아무리 생각해봐도 어려운 강의였다. 밤을 새워 강의 준비를 하고 열심히 가르치지 않으면 안 되었다. 대과 없이 마치고 나왔다. 천우신조(天佑神助)가 아니었으면 할 수 없는 일이었다. 학문의 세계보다 더 넓고 깊은 세계는 없어서, 아무리 한다고 해도 끝 간 데가 없었다. 몸 상하지 않고 나온 것에 감사하고, 그 여력(餘力)으로 이렇게 글을 쓰며 사니, 얼마나 자랑스러운 일인지 모른다.

그런데 독일어 교과서에 다음과 같은 시가 들어 있었다. 우리말로 해석하면 아래와 같다.

### 산 너머 저쪽 (Über Den Bergen)

산 너머 저쪽 멀리까지 가면
사람들이 말하기를
행복이 살고 있다고 한다.
나는 다른 사람들과 떼를 지어 갔노라,
그러나 나는 눈물 어린 눈으로 돌아서고 말았다.(칼 부세)

행복이 산 너머 멀리에 살고 있다고 하기에, 다른 사람들과 같이 그 행복을 찾으러 갔지만, 행복은 찾지 못하고 눈물지으며 돌아오고 말았다는 시다.

크리스마스 날 밤에 가난한 나무꾼의 남매가 꿈속에서 파랑새를 찾아 나섰다. 아무리 찾아보아도 파랑새는 없었다. 미래의 나라도 가보고 환상의 나라도 가보았다. 도처를 찾아보았지만, 파랑새는 없었다. 크게 실망한 나머지 다시 자기 집으로 돌아오지 않으면 안 되었다. 돌아와 보니 그토록 찾았던 파랑새는 자기 집 조롱에서 노래하고 있었다.

행복은 먼 곳에 있는 것이 아니요, 바로 자기 집에 있는 것이요, 자기 마음속에 있는 것이다.

그때 수업시간에 학생들을 만만히 보고, 공부하기를 소홀히 했더라면 그들에게 쫓겨나는 불행을 겪었을는지도 모른다. 내가 그런 불행을 면한 것은 사정의 어려움을 알고 잘 대비하여 행했기 때문이다.

바라지 않은 자에게까지 행복이 찾아오는 것은 아니다. 참된 행복은 쉽사리 오지는 않지만, 어느 곳에나 있다. 행복은 돈으로도 살 수 없지만, 언제든지 구할 수도 있다. 행복은 자기가 행복하다고 느낄 때 행복한 것이다.

아무리 고루거각(高樓巨閣)에 살아도 행복하게 느끼지 않으면 행복한 것이 아니다. 좋은 차, 좋은 옷을 입고 다녀도 행복하게 느끼지 않으면 행복한 것이 아니다. 돈을 물 쓰듯 하며 살아도 행복하게 느끼지 않으면 행복한 것이 아니다. 초가누옥(草家陋屋)에 살아도 만족하고 살면 행복한 것이고, 차 없이 걸어 다녀도 행복하다고 느끼면 행복한 것이다. 세인의 존경을 받거나 명망이 있는 사람도 그런 것을 좋다고 여기지 않으면 행복한 것이 아니다.

행불행은 자기가 어떻게 느끼느냐에 있다. 괴테는 '파우스트'라는 작품에서, 메피스토펠레스라는 노학자를 통해 행복을 나타냈다.

화려하고 아름다운 것을 다 편력(遍歷)했지만 행복하지 않았다. 아름다운 화류계 여인과 환락(歡樂)에 빠지기도 하고, 도박이나 마약 같은 환각에 빠져보지만 행복하지 않았다. 마지막으로 국토건설단에 참여하여 뻘밭에서 땀을 뻘뻘 흘리며 일하는 순간이 가장 행복한 순간이었다.

그래서 "이 순간이여 멈춰라."라고 외쳤다. 그는 가장 힘들고 고통스러운 순간에서 행복을 느꼈다. 그 순간은 아무런 잡념 없이 그 일에만 몰두한 순간이기 때문이다.

행복은 일을 주체적이고 능동적으로 휘어잡고 행하는 자에게 오는 것이지, 기다리고만 있는 자에게 오는 것은 아니다.

이솝 우화집에 행복과 불행에 관한 이야기가 나온다. 이솝 우화는 언제 읽어도 참 재미있는 이야기다.

"행복은 기운이 세지 못하지만, 불행은 몸이 튼튼하고 힘이 세었다. 불행은 힘이 센지라 행복을 보기만 하면 덤벼들어 못살게 굴었다. 행복은 견딜 수가 없어서 이리저리 피해 다니다가 피할 곳이 없어서 하늘로 날아 올라갔다. 하늘로 올라간 행복이 제우스신에게 의논을 했더니, '행복들이 모두 여기에 있으면 불행에 고통을 당하지 않으니 좋겠지만, 세상 사람들은 너희들이 돌아오기를 기다리고 있으니, 여기에서만 살 수 없지 않으냐. 그러니 여럿이 한꺼번에 내려가지 말고, 여기서 갈 곳을 보아두었다가 하나씩 행복을 얻을 수 있는 사람에게로 내려가도록 해라. 괜히 여럿이 가서 갈 곳을 찾다가 불행에 붙들리면 너희들이 다 죽지 않겠느냐.'"

참 재미있는 글이다. '판도라의 상자'를 연상케 한다. 본서에 '판도라 상자'라는 제하(題下)의 글이 있으니 다시 한번 읽어보기 바란다. 그런데 이솝은 이 세상에 악이 많은 이유를 이상과 같이 설명했다.

이 세상의 거의 모든 행복은 우리 가정의 노변(爐邊)에서 자라는 것이지, 남의 집의 화원(花園)에서 피어나는 것이 아니다. 행복은 눈먼 장인이 아니어서, 게으른 자에게는 결코 찾아가지 않고, 부지런한 자에게만 찾아간다. 찾아가도 붙잡지 못하는 무력한 자에게는 등을 돌려 돌아선다. 행복은 높고 화려한 곳에서 찾을 것이 아니요, 누추하고 소박한 나의 생활 속에서 찾아야 한다.

"발밑을 파라. 거기에 맑은 샘물이 솟으리라."(괴테) 남이 가지고 있는 것이 아무리 좋다고 해도 부러워해서는 안 된다. 내가 가지고 있는 것에 만족하며 살아야 한다.

우리는 파랑새를 내 집, 내 마음에서 찾아야 한다. 지금 생각해보니 그때의 가장 힘들었던 독일어 강의시간이 가장 행복했던 시간이었던 것 같다.

# 제7부

## 天下珍味 不老長春

(천 하 진 미   불 로 장 춘)

**천하의 진미를 골라 먹으면 늙지 않고 늘 청춘이다**

천하진미란 진수성찬이나 산해진미(山海珍味)를 말하는 것이 아니다. 늘 진수성찬이나 산해진미만을 먹다간 몸이 거덜 난다. 자기 몸에 맞는 음식이 곧 건강에 좋은 천하진미의 음식이다. 아무리 좋은 음식도 맛있게 먹지 않으면 좋은 음식이 아니다.

불로장춘 하는 데는 자기 몸에 맞는 음식을 고루 골라서 먹어야 한다. 꼭 값비싼 음식만이 좋은 음식은 아니다. 세끼 음식을 거르지 않고 먹고, 소식다동(小食多動)과 소승다보(小乘多步)를 건강의 본으로 삼아야 한다. 움직이기를 좋아하는 사람에겐 병이라는 놈이 감히 얼씬거리지 못한다. 누워있으면 죽는다. 움직여야 산다.

만물을 고요한 마음으로 보면 소나무처럼 오래 살고, 학처럼 오랜 수를 누린다.(靜觀萬物 松齡鶴壽)

# 눈을 감으면

사람의 몸은 여러 지체로 되어 있다. 그중의 하나가 눈이다. 눈은 사람 얼굴의 앞부분에 붙어 있어서 앞을 내다보기에 좋다. 그래서 눈은 몸의 창이요, 마음의 창이라고도 한다.

눈이 성하면 온 몸이 밝아 선을 행하지만, 눈이 성치 못하면 온 몸이 어두워 악을 행한다. 그래서 성경에서는 "오른쪽 눈이 너로 실족케 하거든 빼어 내버리라."고 하였다.

꽃이 아름답다고 느끼는 것도 눈이요, 아름답지 않다고 느끼는 것도 눈이다. 마음의 상태에 따라 아름답게 보이기도 하고, 아름답지 않게 보이기도 한다. 눈으로 세상 만물의 미추(美醜)를 감득(感得)할 수 있으니, 눈이 얼마나 신묘한 것인지를 모른다.

보지 못하는 것보다 더 마음 상하는 일은 없다. 눈을 뜨면 하늘이 보이고, 해와 달과 별이 보이고, 구름이 흐르는 것이 보인다. 사람들이 보이고, 산이 보이고, 바다가 보인다. 온갖 새들의 희롱이 보이고, 꽃들이 다투어 피는 것이 보인다. 봄, 여름, 가을, 겨울 4철의 변화가 보인다. 선한 일을 하는 사람이 보이고, 악한 일을 하는 사람이 보인다. 행복에 젖어 기뻐하는 사람도 보이고, 슬픔에 젖어 우는 사람도 보인다. 눈은 잠시도 쉴 틈이 없이 바쁘다. 눈을 뜨면 삼라만상(森羅萬象)이 보이지만, 눈을 감으면 아무것도 보이지 않는다.

인간에게는 육안(肉眼)이 있고 또 심안(心眼)이 있다. 외계의 사물을 보는 눈을 육안이라고 하고, 마음으로 보는 눈을 심안이라고 한다. 눈을 뜨면 외계의 사물이 우리를 즐겁게도 하고, 괴롭게도 한다. 눈을 감으면 어지럽던 마음이 차분히 내려앉는다.

사람의 몸은 많은 지체들로 구성되어 있다. 그 많은 지체 중에 눈이 아주 좋다. 눈은 열기만 하면 세상 온갖 것이 쏟아져 들어오기 때문이다. 입으로는 맛있는 음식을 먹고, 말을 하고, 노래도 부른다. 코로는 냄새를 맡고 숨을 쉬고, 귀로는 여러 소리를 듣는다. 발이 있어 걸어다니고, 손이 있어 온갖 요긴한 일을 한다.

"눈이 손 더러 쓸모가 없다 하거나, 머리가 발 더러 쓸모가 없다 하지 않는다. 더 약하게 보이는 지체를 더 요긴하게 하고, 덜 귀하게 여기는 것을 더 귀하게 한다. 덜 아름다운 것을 더 아름답게 보도록 도와준다. 몸 가운데 여러 지체가 있으나 서로 분쟁이 없고, 여러 지체가 서로를 돌아보게 한다. 만일 한 지체가 고통을 받으면, 모든 지체가 고통을 받고, 한 지체가 영광을 누리면 모든 지체가 서로 즐거워한다."(고전 12장)

눈을 감으면 마음이 편안하고, 아무리 어려운 일도 잘 풀린다. 어떤 큰 문제를 풀려고 하면 사람들은 눈을 감는다. 눈을 감으면 모든 생각이 한 군데로 모인다. 눈을 감으면 심안이 열리고 진리를 통찰하는 혜안(慧眼)이 열린다.

바른 생각을 하려고 하면 사람들은 눈을 감는다. 눈을 감으면 사물의 옳은 도리가 마음에 그려진다. 바른 깨달음을 얻고자 하면 사람들은 눈을 감고 깊은 상념(想念)에 젖는다.

어려운 일에 부딪히면 나는 언제 어디서나 눈을 감는다. 명상은 마음의 휴식이요 집중이다. 마음에 깨달음을 얻고, 온갖 세상의 번뇌에서 벗어난다. 인간 생활은 고통과 번뇌의 연속이다. 마음의 평정을 얻고자 하면 고민하는 법을 배워야 한다. 고민이 없는 사람은 생활이 없는 사람이다. 고민과 싸워 이기는 자만이 행복해질 수 있다. 번뇌와 더불어 인간의 혼은 성장한다.

눈을 감으면 흘러간 세월이 보이고, 내가 걸어온 길이 환하게 트여 보인다. 남과 싸웠던 일이 떠오르고, 남을 미워하고 원망했던 일이 떠오른다. 부모님에게 불효했던 일이 떠오르고, 형제간에 우애하지 못했던 일이 떠오른다. 젊었을 때 저질렀던 일에 상도(想到)하면 한없는 부끄러움을 느낀다.

뒤돌아보니 잘못한 일이 너무 많다. 큰일이 일어날 뻔도 했지만, 천우신조(天佑神助)가 커서 용케도 면했다. 과거를 잊지 못함은 과거를 반복하는 것이 된다. 과거의 잘못을 털지 못하면, 현재를 잘못 사는 것이 된다.

그간 살다 보니 나도 어느새 인생 모년(人生暮年)이 되었다. 눈을 감으니 살아갈 일이 앞을 가로막는다. 병마와 싸워야 하고 죽음과 싸워야 한다. 미래는 얼마 남지 않았지만 내가 살아야 할 시간이다. 종명(終命)의 종소리가 울릴 때까지는 지금의 짐을 지고 그대로 가야 한다.

다음 H. W. 롱펠로우의 말이 참 좋다.

"쓸쓸한 듯이 과거를 보지 말라. 그것은 두 번 다시 되돌아오지 않는다. 주저 없이 현재를 고쳐 살아라. 그림자 같은 미래를 향해 나아가라. 겁내지 말고 씩씩한 용기를 가지고 나아가라."

눈을 떠보면 현실은 냉혹하고 살벌하다. 부딪혀 싸워 이기는 자만이 현재를 이기는 자가 된다. 마음을 잃으면(心不在焉), 보아도 보지 못하고(視而不見), 들어도 듣지 못하고(聽而不聞), 밥을 먹어도 그 맛을 모른다.(食而不知其味)

눈을 감고 조용히 침잠(沈潛)하면, 심안이 열리고, 가야 할 길이 보인다. 눈을 감으면 진리의 문이 열리고, 천상의 소리가 들린다.

눈을 감으면 세상의 소요가 사라지고, 마음에 평정이 온다. 눈을 감으면 바른길이 트여 보인다. 무례(無禮)히 행치 아니하고 자기의 유익을 구하지 아니하며, 검소하지만 누추하지 않게 살고, 빛이 나지만 사치스럽지 않게 사는 길이 보인다.(儉而不陋 華而不侈) 눈을 감으면, 내 이웃이 보이고, 세상 모든 것이 아름답게 보인다. 눈을 감으면 굽은 길이 펴 보이고, 대도무문(大道無門)의 곧은길이 트여 보인다.

# 망각증

요즘 TV에서 '정 도전'이라는 연속사극이 방영된다. 제목을 보는 순간 정도전이 어떻게 해서 이 성계를 도와 이씨 조선 개국공신이 되고, 이 성계의 두 번째 부인인 강 씨의 8번째 소생인 방석이가 세자로 책봉되고, 이 성계의 다섯 번째 아들인 이 방원이 이에 반기를 들어 왕자의 난을 일으켜 방석(8번째의 아들)을 죽이고, 방석의 세자 책봉을 도왔던 정도전을 죽인다. 고려의 34대 왕인 공민왕을 폐위하고, 고려 충신 정몽주를 선죽교에서 죽이는 등 일련의 사건이 머릿속에 그대로 남아 있어서, TV를 보지 않고도 그 내용을 잘 알 수 있었다. 그러고 보면 나는 아직은 망각증에 걸려 있는 사람은 아닌 것 같다. '왕자의 난'이라는 제하(題下)의 글을 써서 이 책에 실었으니 더 자세한 내용은 거기서 다시 읽기 바란다.

이상의 사실은 옛날 옛적에 배웠던 역사적 사실이지만, 지금도 기억 속에 그 줄거리는 남아 있다.

인간은 망각의 동물이다. 망각의 동물이 아니면, 불편해서 살 수가 없다. 옛날에 겪었던 모든 일을 다 기억하고 있으면 불편해서 살 수가 없을 것이다. 인간의 머리는 구조적으로 모든 것을 다 기억하게 되어 있지는 않다. 아무리 큰 사건도 세월이 지나면서 서서히 닳아 잊혀진다.

새로운 것이 들어오면 옛것은 새것에 밀려 서서히 사라진다. 이런 일은 나이가 들수록 더 빨리 진행된다. 그러다 보니 나의 기억도 옛날 같지가 않다.

나는 집안 일 중에 내가 할 수 있는 손쉬운 일은 한다. 해보니까 할만하고, 그런 일이라도 하다 보니 몸도 더 움직이고 머리도 쓰고 하니 참 좋은 것 같다. 집안 청소도 하고, 화초에 물도 주고, 간단한 설거지도 하고, 쇼핑도 같이하고…… 계란도 삶고, 고구마, 감자 등도 삶는다. 그 외 할 일이 있으면 움직여 그 일들을 행한다. 내가 생각하기엔 참 잘하는 것 같다. 내가 삶은 계란이 더 맛있다고 하고, 고구마 감자 맛도 더 좋다고 한다. 전문가에 준하는 실력을 갖추게 되었다. 남이 흉을 볼는지 모르지만 조금도 부끄럼이 없다.

요즘에는 남자와 여자의 하는 일이 따로 정해져 있는 것이 아니어서, 남자들이 밥도 짓고, 설거지도 하고, 세탁기도 돌리고, 쓰레기도 버린다.

그런데 이상한 일이 가끔 벌어진다. 계란, 고구마를 삶던 냄비를 몇 개 태워 먹었다. 시커먼 숯덩이가 되어 몇 개의 냄비가 사라졌다. 첫 번째 것은 몇 차례의 화력에 견디다 못해 못쓰게 되었다. 그처럼 강한 강철 덩이가 불에 견디다 못해 무용한 것이 되었다. 다시는 이러지 않아야겠다는 다짐을 금석맹약(金石盟約)으로 하지만 소용이 없다. 두 번째 냄비 또한 망각증상의 허무한 희생물이 되어 없어졌다.

나는 지금도 기억력이 그렇게 나쁘지는 않지만, 요즈음 나에게 나타나는 망각증상에 번번이 당하고 만다. 이 정도의 실수에 다행 대복을 느끼지만 잘못하다가는 끔찍하다고 생각할만한 무서운 일을 당할는지도 모른다. 이제는 20분이고 30분이고 냄비 일이 끝날 때까지 냄비 옆에 서서 기다려야 한다.

내가 지금 하는 일은 여자들의 영역이어서, 여자들에게 맡기면 되지만, 여자들 역시 그런 실수를 저지르지 않는 것은 아니다. 집사람 역시 몇 차례의 그런 실수를 저지른 전력(前歷)을 가지고 있다. 그러다 보니, 나의 실수를 나무라지 않고 이해해준다. 서로 늙어가는 처지에 어쩌겠느냐는 생각을 하는 것 같다.

천하 재현 여러분! 여러분은 어떠한가요, 완전한가요? 나와 똑같거나 비슷하지 않은가요? 하는 수 없이 인덕션을 설치했지만 처음 써보는 것이라 아직은 좀 서투르다.

H. 발자크라는 사람은 "망각 없이 인생을 살아갈 수 없다."고 했다, 옛날의 시시콜콜한 것까지 다 기억하고 있으면 사람은 참 불편해서 살 수가 없을 것이다. 그래서 A. 모루아라는 사람은 "망각이 없이는 행복도 없다."고 했다. 자기가 좋아하는 것만을 기억할 수 있다면 좋을 일이지만, 그러지 못하는데 인간의 슬픔이 있다. 과거의 괴로운 기억은 다 잊어버리고, 새롭고 좋은 기억만을 가지고 살면 좋으련만 그것 또한 어려운 일이다.

잘 잊어버리는 사람은 "까마귀 고기를 먹어서 그런다."고 한다. 까마귀는 먹을 것을 물어다가 여기저기에 감추어놓고, 나중에는 그 감추어놓은 곳까지를 잊어버린다고 한다.

친한 사람이 죽으면 그 슬픈 기억이 오래 남아 있을 것 같지만, 세월이 흐르면서 그 감회도 서서히 닳아 없어진다. 무엇이든 오래 보지 않고 놔두면 잊어버리고, 심지어는 어제 읽은 글귀도 오늘 잊어버린다. 보지 않으면 마음도 멀어진다 하여 하는 말이다.(Far front eye, far from heart.)

지난날 기억 중에 세월이 아무리 흘러도 좀처럼 잊히지 않는 일도 있다. 인생일대의 대사건으로 기억되는 일이기 때문일 것이다. 나를 괴롭히지 않기를 바라고, 경각(警覺)하여 살게 하는 일이 되기를 바란다.

쇼펜하우에르라는 철학자는 정신 발작증이 심했다고 한다. 그는 자기의 저서를 읽어내려가다가도 홍에 겨우면 발작을 일으키고, 무릎을 치거나 어깨를 으쓱거리며 떠들어대곤 했다. "이건 굉장한 영감으로 쓴 책인데, 대관절 이런 책을 쓴 사람은 누구일까? 이건 참 천재인데…… 천재는 바로 이런 사람을 두고 하는 말이거든?" 그는 자기 자신이 저자인 것을 잊어버리고 좋아서 날뛰었다.

우리 집에 제3의 냄비가 벌써 들어와 싱크대 위에 처량하게 놓여있다. 냄비 없이는 잠시도 못 사는지라 집사람이 벌써 사다 놓았다. 영원무궁 무탈 기원을 해야겠다.

연년익수(延年益壽)라는 말이 있다. 해가 갈수록 나이가 많아진다는 뜻이다. 나이와 망각증과는 함수관계가 밀접하다. 노익장의 기세로 연부역강(年富力强)을 하며 산다고 기염을 토해도, 망각증상은 지름길로 달려와 내 몸을 쥔다.

얼마 있으면 친구들 이름도 다 잊고, 내가 쓴 책의 이름도 다 잊을 날이 올 것이지만, 대자연의 순리를 어찌 거역하겠는가. 고목봉춘(枯木逢春)의 기적이라도 일어나면 몰라도, 그렇지 않으면 어쩔 수 없는 일이 아니겠는가.

## 늘 초연(超然)한 마음으로

한 치의 앞도 모르고 살아가는 세상이다. 건강하게 보이던 사람이 갑자기 병원에 입원했다. 병명을 몰라 병원에서도 한동안 애를 먹었고, 우선은 약을 먹어보라고 해서 그렇게 한다고 했다.

일주일이 멀다 하고 전화하던 친구가 요즘은 전화가 뜸해졌다. 알아보니 심장에 이상이 있어 병원에 입원해 있었다고 한다. 몸이 귀찮으니 친구고 뭐고 뒷전으로 밀릴 수밖에 없다. 요즘은 내가 전화를 걸어 그간의 사정을 살핀다.

그의 아내도 수술을 받고 나온지라, 한 집안에 아픈 사람이 둘이 되었다. 둘이 사는 집에 아픈 사람이 둘이니, 불편하기 그지없게 되었다. 한 사람이라도 성해야 다른 사람을 돌봐주며 살 터인데 그러지 못하고 산다. 둘이 다 그르렁 80 노객들이니 사정이 참 딱하다

밥은 어떻게 해 먹으며, 집안 청소는 어떻게 하고, 자기들 몸단속은 어떻게 하는지 짐작이 간다. 옷매무새도 날로 추레해지고, 거동도 날로 어려워진다. 자식놈들이라도 가까이 살면 되지만, 그놈들도 멀리 떨어져 살고, 하는 일에 동분서주(東奔西走) 바쁘다. 그러다 보니 부모가 어려워도 오불관언(吾不關焉)이고, 부자지간의 정도 자연히 소원(疏遠)해질 수밖에 없다.

불가지만(不可志滿)이라는 말이 있다. 내 마음에 바라는 바를 다 채우려고 해서는 안 된다. 조금 못 채우더라도 만족하며 살아야 한다는 뜻이다. 자식들이 조금 부족하더라도 만족하며 살아야 하고, 다 채우려다가 채우지 못하면 서운하게 느껴진다.

만족이란 천연(天然)의 부(富)라고 한다. 부족하더라도 만족하며 살면 덜 서운함을 느낀다. 요구되는 것보다는 더 많이 주어라(Give more than required)라는 말이 있다. 조금 덜 받더라도 만족하며 살면 덜 서운하게 느껴질 것이다.

마음으로 튼튼하게 이어지는 관계가 훨씬 더 오래 지속하는 관계다. 물질은 늘 주어야 하지만, 주다가 끊어지면 그 관계도 끊어진다. 관계가 소원(疏遠)해지면, 마음에 불만을 느끼고, 마음에 불만을 느끼면 외로움을 느낀다. 아내와 자식들에게 마음으로라도 잘하며 살면, 힘들다는 말년도 덜 힘들게 살 수 있을 것이고, 말년 고독도 덜 느끼며 살 수 있을 것이다.

*　　　*

해가 갈수록 기력이 떨어지는 것을 느낀다. 어쩔 수 없는 일이다. 세월을 이길 자는 없어서 그냥 세월에 밀리며 살다가 간다. 아무리 그래도 조금이라도 더 오래 살려는 노력은 치열하다. 200년 300년을 살라고 해도 마다 할 자는 없을 것이다. 너무 오래 살면, 자식들이 싫어하고, 주변 사람들도 달갑게 여기지 않는다. 살만치 살았으면 미련 없이 가면 되지만, 그것도 맘대로 할 수가 없다.

저놈의 영감 옆에 가면, 고약한 냄새가 난다고 할까 봐 몸 씻는 일은 죽기 살기로 애써 하고, 옷을 갖추어 입는 일에도 많은 신경을 쓴다. 칫솔질 자주 해서 입에서 냄새가 나지 않도록 하고, 와이셔츠나 넥타이도 깨끗한 것으로 골라 차서, 보는 이들이 불쾌한 느낌을 주지 않도록 한다. 말도 간결하게 갖추어 행하고, 어눌(語訥)한 소리를 길게 했다간 타인들의 빈축(嚬蹙)을 산다.

될 수 있으면 분쟁의 중심에 서서는 안 된다. 분쟁에 말려들었다간 분쟁의 소용돌이에 휘말린다. 정치 이야기는 될 수 있는 한 피해야 한다. 잘못하다간 가족들과도 싸우고, 친구들과도 싸운다. 정치에 관한 한 모두가 박사들이어서 언감생심(焉敢生心) 엄두를 내기가 힘들다. 친구들 모임에서도 정치 이야기는 아예 금기(禁忌) 사항이 되었다. 잘못하다간 친구들 간의 좋은 우정에 금이 갈 수도 있기 때문이다. 가끔 정치 이야기를 하다가 열이 달아오를 기미를 느끼면, 슬그머니 뒤로 빠져야 고경(苦境)을 면한다.

밥도 적당량은 꼭 섭취해야 힘을 내어 살기가 좋다. 미각(味覺)이 허용하면 먹을 만치 먹어야 하고, 소식(小食)만이 꼭 능사가 아니다. 소식이 좋기는 하나 소식 지상주의로 삼다간 늙은 나이에 힘이 부치면 넘어진다. 무소불식(無所不食)으로 차려주는 대로 잘 먹어야 한다.

나는 운동신경이 둔한지라 무얼 하나 제대로 해내는 운동이 없다. 요즘 잘하는 게 있다면, 이른 아침에 공원에 나가 트랙을 도는 일이다. 그 일은 누구에게도 못지않게 잘한다. 그 일을 하는 데는 특별한 기술이나 넘치는 힘이 필요 없기 때문이다. 한 시간 정도 서서히 힘을 풀어서 하면 된다. 그렇게 하면 하루 동안 내가 써야 할 에너지를 축적하는 것이 된다.

노인의 몸인지라 몸은 날로 굳어진다. 굳어진 몸을 날마다 풀어 주지 않으면, 더 굳어져서 종래에는 움직이지도 못하게 된다. 그렇게 되면 마지막 가는 길 이외엔 다른 길이 없다.

잠을 자되 짧고 깊게 자라고 한다. 남을 미워하지 않고, 세상의 근심은 다 내려놓고, 편한 마음을 가지고 자면, 잠이 빨리 든다고 한다. 그렇게 5, 6시간만 자도 충분한 휴식이 되고, 다음 날 활동하는 데 지장이 없다. 그래서 예부터 쾌면(快眠)을 하라고 하고, 쾌변(快便), 쾌식(快食)까지 하면 건강의 3요인을 얻는 것이 된다. 3쾌(三快)가 잘 이루어지면, 병원에 자주 들락거릴 필요가 없다.

이제 남은 일이 죽는 일이지만, 그렇다 해서 날마다 죽음의 그늘 밑에서 살다간 주어진 정명(定命)도 살지 못하고 간다. 모든 일을 담담하게 받아들이고, 사는 날까지 열심히 그리고 힘차게 살다가 갈 수밖에 다른 도리가 없다.

다음 장자(莊子)의 글을 소개하니 괜찮다 싶으면 귀감삼아 살기 바란다. 내 그간 어질러놓은 일이 많아 고종명(考終命)을 누릴 팔자는 못된다. 다음 글은 장자에게 얽힌 글이지만, 마음을 달래는 데는 좋은 글일 것 같아 여기에 올려놓는다.

장자가 죽게 되었을 때 제자들이 그를 성대하게 장사지내려고 했다. 그러자 장자는 “나는 하늘과 땅으로서 널을 삼고, 해와 달로서 한 쌍의 구슬을 삼으며, 별로서 많은 치레 구슬을 삼고, 만물로서 제물(祭物)을 삼는다. 나를 장사지낼 기구가 어느 것이 모자라는가. 여기에 무엇을 보탤 것인가.” 제자가 이르되 “저희는 까마귀나 솔개가 선생님을 먹을까 두려워합니다.” 장자가 이어 이르되 “땅 위에 있으면 까마귀나 솔개의 밥이 되고, 땅 밑에 있으면 땅 벌레나 개미의 밥이 될 것이다. 저것을 빼앗아 이것에 준다니, 어찌 그리 편벽되느냐?”

죽는 일은 누구에게나 걱정이다. 편히 죽기를 소망하지만, 뜻대로 되지 않는다. 하늘의 뜻에 따라 늘 초연(超然)한 마음으로 열심히 행하며 살면, 편하게 죽도록 점지해 줄 것이다.

## 몰두(沒頭)

하도 덥다 보니 입추가 기다려진다. 입추가 지나고 나면 말복이 오고, 말복이 지나고 나면 처서가 온다. 입추가 지나고 나서야 실오라기 같은 양기(凉氣)가 아침저녁으로 일기 시작한다. 그 무섭던 염제(炎帝)도 힘을 쓰지 못하고 서서히 무너지기 시작한다.

금년의 처서가 8월 23일이니 더위는 아직도 한 달은 더 남았다. 한 달간을 더위와 싸울 생각을 하니 아득한 생각이 든다. 아파트의 콘크리트 건물이 온종일 태양열에 달구어지면 방안에까지 그 열기가 들어와 숨을 헐떡이게 한다.

하는 수가 없어서 선풍기를 틀어보고, 그래도 안 되면 에어컨을 틀어보지만, 종일 그렇게 할 수가 없다. 에어컨을 오래 틀면 전기요금 걱정이 된다. 무엇 하나 마음 놓고 할 수 없는 세궁민(細窮民)의 생활이 그지없이 안타깝기도 하다.

기후 변화에 따라 여름이 한 달 길어진다고 한다. 겨울이 한 달 짧아지면 되지만, 그럴 것 같지가 않다. 여름과 겨울이 한 달씩 길어지면 봄과 가을이 한 달씩 짧아질 것이다. 나는 여름도 싫지만, 겨울은 더 싫다. 겨울의 불청객에 걸려 시달리는 것이 싫기 때문이다.

*　　　*

아무리 덥고 추워도 사람들은 살아야 한다. 이 무더운 여름에도 더위와 싸우며 살아야 한다. 살인적인 찜통더위 속에서도 일해야 그날 먹을 것이 생긴다. 생존의 문제는 이렇게 절박하다. 덥다 하여 그늘 밑에서 한거(閑居) 유한(有閑)을 즐길 여유가 없다. 뼈가 으스러지게 일해야 가족을 먹여 살리기 때문이다.

인생의 가장 행복한 시간은 일에 몰두할 때다. 마음에 맞는 일이든, 맞지 않는 일이든 해야 한다. 왜냐하면, 일은 절체절명(絶體絶命)의 생존의 문제이기 때문이다.

인간 생활의 거의 전부는 일로 구성되어 있다. 보람 있는 일을 찾아 사는 사람도 있고, 하기 싫은 일을 억지로 하며 사는 사람도 있다. 하기가 좋든 싫든 우리는 일을 해야 한다. 학생들 중에 공부가 좋아서 하는 놈은 없고, 하기 싫어도 해야 한다. 학문연구나 다른 일에 종사하는 사람들도 그 일이 힘들지만 해야 한다. 싫은 일도 열심히 하게 되면 좋아하게 되고, 그렇게 해서 그 일에 전염하면 그 일에서 행복감을 느낀다.

마음에 맞는 일을 찾아 그 일에서 보람을 느끼는 것보다 더 행복한 일은 없다. 마음에 맞는 일에 전심(全心)으로 몰두할 때 깊은 인생의 의미를 느낀다. 사람이 자기의 일에 몰두하면 순수해진다. 마음속에 부질없는 잡념이나 망상(妄想)이 없어진다. 내가 하는 일에 전념할 때 그 일을 사랑하게 되고, 가족을 더욱 사랑하게 된다. 일은 권태를 몰아내고, 달콤한 휴식과 밤의 숙면(熟眠)을 가져온다.

일을 할 때 나도 세상을 위해서 무엇인가를 하고 있다는 기쁨과 소속감이 생긴다. 일을 통해 생의 충실감을 느끼고, 가장으로서의 자부심을 느낀다. 가족을 먹여 살리기 위해서 열심히 일하는 기쁨보다 더 큰 기쁨은 없다. 아무 일 없이 무위도식(無爲徒食)하면 인생의 허무감과 좌

절감을 느낀다. 일은 우리에게 적당한 피로와 편안한 잠을 가져다준다.

일은 우리에게 빵을 가져다주어 가족을 먹여살린다. 그것보다 더 소중한 것은 없다. 인생의 구극(究極)의 목적은 먹고 사는 문제이기 때문이다. 그 일이 잘 안되면 인생의 모든 것은 그 의미를 잃는다. 나에게 일이 주어진다면, 그 일이 귀한 일이든 천한 일이든 먹고 사는 일이라면, 서슴없이 달려들어 해야 한다. 일의 귀천을 가릴 일이 아니고, 나의 모든 정열을 쏟아부어 해야 한다. 아무리 힘든 일도 열심히 하면 그 일을 사랑하게 되고, 그 일 속에서 기쁨과 행복을 느끼게 된다.

앞으로 여름과 겨울이 더 길어지면 봄과 가을이 없어질까 걱정이 된다. 4계절 속에서 사는 기쁨이 크더니만 여름과 겨울의 두 폭군이 우리의 생활을 지배한다면, 우리 같은 약골 노인들은 어떻게 견디어낼지 걱정이 된다.

가을은 서늘해서 여름철에 잃었던 힘을 얻을 수 있어서 좋고, 봄은 따뜻해서 겨울의 추위를 녹일 수 있어서 좋다. 여름의 녹엽(綠葉)들이 홍엽(紅葉)으로 변해 단풍이 되는 모습은 아름답고, 봄철이면 온갖 화초(花草)들이 다투어 피어오르고, 온갖 새들과 봉접(蜂蝶)이 노래하며 춤추는 모습은 대자연의 아름다운 모습이다. 봄, 여름, 가을, 겨울이라는 사계절의 변화는 우리 생활에 균형감을 가져다준다. 아무리 기후변화에 따라 4계절의 균형이 깨진다 해도 영원히 지금처럼 일하며 사는 기쁨을 누렸으면 한다.

하루 일하지 않으면 먹지 말라 하였으니 한서(寒暑)의 구별 없이 열심히 사는 모습은 참 아름다운 모습이다. 인생의 가장 행복한 시간은 일에 몰두할 때다. 자기의 정열을 쏟을 수 있는 일을 가진 사람은 가장 행복한 사람이다. 일에 몰두하면 더위도 추위도 얼씬하지 못한다.

내가 하고 있는 이 글 쓰는 일은 일이 아니라고 본다. 한거(閑居)에 길든 사람들이나 하는 유한(有閑)놀음이라고 한다. 그러나 아무나 할 수 있는 일은 절대 아니다. 필력과 체력으로 어우러지는 창조적 작업이다. 졸문(拙文)이기는 해도 세상의 한구석을 빛내는 소망의 소산이다. 이 일에 몰두하는 자들만이 해내는 생명의 소산이다. 간들거리는 마지막 여력(餘力)으로 해내지만, 그 속에는 힘을 주고 찬란한 생명의 빛이 흐르게 하는 일이어서 그렇게 큰 힘을 들이지 않고서도 해낸다.

# 아름다운 만남

내 집은 내가 근무했던 학교에서 걸어서 약 15분여 정도 걸리는 거리에 있다. 걸어서 학교를 막 나오는데 한 교수가 자기 차로 집에까지 모시겠다고 했다. 오는 도중에 "아직 젊고 한창 일할 나이인데 퇴직을 하시게 되어 어쩌지요."라고 했다. 달리 대답할 말이 없어서 "감사하다"라고 말하고 헤어졌다.

정년퇴직한 지 어언 15년이 넘었으니, 내 나이가 몇 살인지 짐작이 갈 것이다. 영원할 것 같던 청춘도 간 지 오래고 산수(傘壽)의 고비를 넘어선 노년에 이르렀다.(桃花流水) 오라는 데는 없고, 만날 사람도 날로 줄어들어, 온종일 기다려도 전화 한 통화가 없다. 처음에는 답답하기 이를 데 없었지만, 지금은 이렇게 사는 데서 되레 편안함을 느낀다.

그런데 지금 내가 나가는 곳은 딱 두 군데이다. 안식일에 교회에 나가고, 퇴직 동료들의 모임에 나간다. 모범생이라 할 만큼, 안식일도 잘 지키고, 퇴직 동료들의 모임도 잘 나간다. 누군가가 안식일은 왜 그렇게 잘 지키느냐고 하지만, 신앙인이 안식일을 잘 지키는데 무슨 이유가 있겠느냐고 했다. 그 전부터 해오던 일이라 큰 부담 없이 잘 나가고, 그렇게 하는 데서 안심입명(安心立命)을 느낀다. 교회에 앉아 있으면 마음이 편안하고 영적으로 고양(高揚)되는 것을 느낀다. 그곳에 나온 사람들은 모두가 선하고 바르게 사는 사람들이다. 그들과 같이 몇 시간을 있다 보면, 내 마음도 그들과 같이 되는 듯하여 그 기쁨이 크다.

한 달에 한 번씩 모이는 퇴직 동료들의 모임 또한 좋은 모임이다. 그들 모두가 평생을 교육 성업에 몸을 바쳤던 사람들이라, 그들의 선행이 곱고 교육적으로도 잘 순화된 사람들이어서 배울 것이 많다.

먹에 가까이하면 먹이 묻기가 쉽다는 말이 있다.(近墨者黑) 한 달을 떨어져 지내는 사이에 잘못 흐트러지지 않았나를 확인하고 돌아오는 시간이다.

가족은 평생을 같이 사는 사람들이라, 늘 같은 마음을 가지고 사는 사람들이고 잘못되지 않도록 늘 경계하며 사는지라, 가정 또한 오늘의 나를 만들어주는 참 좋은 곳이다.

티끌이 모이면 티끌 산이 되고, 돌이 모으면 돌산이 된다. 쌀, 보리, 김치를 먹고 살면, 내 몸은 쌀, 보리, 김치의 체질이 되고, 버터, 치즈, 빵을 먹고 살면, 내 몸은 버터, 치즈, 빵의 체질이 된다. 내가 지금껏 많은 사람을 만나고, 그들과 어울려 많은 대화를 하며 사는지라, 지금의 나는 내 혼자만의 것이 아니다.

장이경복(長履景福) 이라는 말이 있다. 그간에 쌓은 이력이 길면 누리는 복도 크다는 뜻이다. 그간에 많은 사람들을 만나고, 그들과 어우러져 산 것이 크게 주효(奏效)하여 오늘의 내가 되었다.

우리는 길가에서, 차 안에서, 직장에서, 기타 많은 곳에서 수없이 많은 사람을 만난다. 그냥 만나는 것이 아니고 많은 것을 보고 듣고 말하며 만난다. 많은 것을 보고 듣고 말하는 데서 많은 것을 배운다.

기차간에서 우연히 만난 여인과 평생을 해로하며 살고, 길에서 만난 사람과 평생을 교우(交友)하며 산다. 꼭 좋은 사람만 만나는 것이 아니고, 나쁜 사람을 만나 시달리기도 한다.

맹모삼천지교(孟母三遷之教)라는 말이 있다. 맹자의 어머니가 맹자를 가르치고자 하여 거소(居所)를 세 번이나 바꾸었다는 이야기다. 맹자가 어렸을 때 공동묘지 근처에 살았을 때는 장사(葬事)지내는 흉내를 하고, 시전(市廛)으로 옮겼을 때는 장사하는 흉내를 하는지라, 글방 근처로 옮겨 공부를 시켰다는 이야기가 곧 맹모삼천지교다.

인간의 생활은 사람과의 만남을 통해서 이루어지고, 그런 만남을 통해서 사람들은 잘되고 못되고 한다. 우리들처럼 평범한 사람들은 평범한 만남을 통해서 우리들의 생활이 이루어진다. 그러나 특별한 사람들은 특별한 만남을 통해 깊은 만남이 이루어진다.

예수와 베드로의 만남은 영적인 교감을 통해서 이루어진 깊은 신앙적 만남이고, 예수와 사도 바울의 만남 또한 혼과 혼으로 이루어진 영원한 만남이다. 두 사람 다 하나님의 말씀을 전도하다가 순교(殉教)할 만큼 위대한 신앙인들이다.

공자와 안연(顔淵)의 만남 또한 평범한 만남이 아니다. 안연은 공자의 수제자다. 공자의 제자 가운데에서 학력이 가장 높은 사람으로 공자의 총애를 받았다. 집이 가난하고 불우했으나 이를 불고(不顧)하였고, 어떤 일에도 화내거나 과오를 저지르는 일이 없었다. 공자 다음가는 아성(亞聖)으로 존경을 받았고 십철(十哲)의 한 사람이었다.

괴테와 실러의 조우(遭遇) 또한 위대한 만남이었다. 실러(Shiller)는 독일의 위대한 시인이요, 극작가였다. 괴테와 더불어 독일의 고전주의를 대표하는 시인이었다. 두 사람의 만남은 문학적 교감을 통한 같은 문인으로서의 위대한 우정의 결합이었다.

단테와 베아트리체의 만남은 이성(異性)과 이성 간의 결합으로써 순애적(純愛的) 부부로서의 만남이었다. 단테의 '신곡(神曲)'에서 단테가 죽자 지옥과 연옥을 거쳐 천국으로 올라갈 때, 먼저 가 있었던 베아트리체가 단테의 손을 잡아 천국으로 끌어 올리는 장면은 단테의 '신곡'의 하이라이트가 되는 장면이다.

카인과 아벨의 만남은 증오에 찬 형제간의 만남이다. 하나님이 자기의 제물(농산물)을 받아들이지 않고, 동생 아벨의 제물(목축)을 받아들이자, 질투한 나머지 동생 아벨을 죽인 증오에 찬 만남이었다. 구약에 나오는 이야기로써 우리는 모두 카인의 후예들이다. 그의 피가 우리의 혈맥에 흐르고 있어서, 세상이 이렇게 어지럽고, 때로는 서로 피를 흘리며 싸우는 일이 잦다.

인생의 만남에는 두 가지 유형이 있다. 하나는 겉 사람과 겉 사람 간의 피상적 만남이요, 다른 하나는 인격과 인격의 깊은 만남이다. 이런 만남을 실존적 만남이라고도 한다.(야스퍼스)

좋은 부모를 만나 좋은 가족애로 살고, 좋은 친구를 만나 좋은 우정으로 살고, 좋은 스승을 만나 좋은 가르침을 받아 살고, 좋은 제자를 두어 그들이 세상을 움직이는 좋은 동력이 되고, 좋은 애인을 만나 좋은 사랑을 하고, 좋은 남편과 착한 아내를 만나 평생을 해로동락(偕老同樂)하고, 좋은 이웃을 만나 서로 돕고 의지하며 살고, 좋은 신앙교우들을 만나 좋은 신앙생활을 하며 산다. 이런 만남이야말로 좋은 만남이다. 평생을 이런 만남을 통해 바르고 의롭게 살다 가면, 이보다 더한 만남의 기쁨은 없을 것이다. 만에 하나라도 잘못된 사람을 만나 세상을 잘못 살다 가면 이보다 더한 불행도 없을 것이다.

한 번 만난 우정은 영원히 계속되는 우정이여야 한다. 좋은 우정은 혼과 혼으로 이어지는 우정이어야 하고, 사소한 이해타산으로 흔들리거나 깨지는 우정이어서는 안 된다.

# 권력과 갑질 사이

요즘에 갑질이란 말이 인구(人口)에 회자(膾炙)하기 시작한다. 갑질의 갑(甲)은 십간(十干)에 나오는 말이다. 하늘과 땅과 사람을 천, 지, 인(天地人) 삼계(三界)라고 한다. 그중에서도 사람이 제일 중요한지라, 하늘에 10개의 방패(防牌)를 두어 하늘의 재앙으로부터 사람을 보호하고, 땅에서도 땅을 받쳐주는 십이지(十二支)를 두어 사람을 보호한다.

하늘의 십간을 표기하면 갑(甲), 을(乙), 병(丙), 정(丁), 무(戊), 기(己), 경(庚), 신(辛), 임(壬), 계(癸)가 되고, 10간 중에서도 가장 으뜸가는 방패가 갑이고, 그다음이 을, 병, 정…… 순으로 이어진다.

힘이 있는 사람이 힘자랑을 하면 그것을 갑질이라고 한다. 그 다음이 을질이지만 잘 쓰이지는 않고, 갑질의 유세(有勢)를 경계하기 위해서 갑질이라는 표현만을 쓰고 있다.

갑질의 행세(行勢)를 하고 싶은 마음은 누구에게나 있다. 가정에서는 아버지가 아버지 행세를 하고, 남편이 아내에게 남편행세를 한다. 직장에서는 직장의 상사가 상사행세를 하고, 나라에서는 나라의 장이 장으로서의 행세를 한다. 옛날 왕조시대에는 왕이 있어 무소불위(無所不爲)의 권력을 휘둘러 왕의 행세를 했다.

가장이 행차하면 아들 중의 한 놈이 수행하여 그의 길을 안전하게 하고, 직장의 장이 행차하면 수행비서가 수행하여 그의 길을 편안하게 한다. 나라의 대통령이 행차하면 일이 아주 복잡해진다. 방탄차가 동원되고, 수십 수백 명의 경호원이 동원되어 그의 길을 안전하게 한다. "상감마마 행차요"라는 말이 떨어지면 산천초목이 떨고, 길 가던 사람들이 엎드려 그의 행차를 영화롭게 한다.

예부터 권력은 법이고 정의였다. 만인이 읊조리는 모습에서 무한한 쾌감을 느낀다. 사람은 누구나 지배본능이 있고, 그 힘을 무한히 누리고자 한다. 그러다가 권력은 남용되고, 권력의 남용으로 가렴주구(苛斂誅求)가 시작되고, 그러다가 잘못되면 지배자는 타락하고, 나라는 어지러워진다. 권력의 팔이 제아무리 길다 해도 잘못하다간 꺾이고, 파리의 힘이 제아무리 세다 해도 거미줄을 뚫다가 거미줄에 잡혀 죽는다.

권력의 행사가 잘못되면 절대권력이라는 대악(大惡)이 되고, 권력의 속성상 절대권력은 절대로 망한다. 권력보다 더 사람을 미혹(迷惑)하는 것은 없고, 이를 쟁취하기 위해서 피를 흘리고 자기의 생명을 건다. 가족이 쪽박을 차고 거리로 내몰려도 휘몰아치는 권력의 광풍은 막을 길이 없다.

높은 기개나 맑은 지조를 가진 사람들에겐 초개(草芥)와 같은 것이지만, 영달에 눈이 어두운 사람들에겐 이보다 더 크고 소중한 것은 없다. 꽃은 열흘을 붉지 못하고(花無十日紅), 권력은 10년을 가지 못한다(權不十年)는 경고성에도 조금의 미동도 하지 않는다.

술이 있고, 돈이 있고, 겸해서 말까지 있으니 노상 행인들이 친척이라고 찾아들지만, 하루아침에 말이 죽고, 돈이 떨어지니 친했던 사람도 길거리 사람과 같이 된다.(有酒有錢兼有馬 路上行人爲親戚 一朝馬死黃金盡 親者如同陌路人)

세도(勢道)가 좋기는 하다. 세도가 좋으면 많은 사람들이 찾아들어 굽실거리지만, 세도가 끝나면 문전성시(門前成市)를 이루던 집도 외롭고 쓸쓸한 곳이 된다. 집에서는 온기라고는 찾아볼 수 없고, 집은 동토보다 더 싸늘한 곳이 된다.

세도의 무상(無常)함이 이러하니, 가까이하지 않는 것이 좋고, 가까이 한자 중에 물들지 않는 자는 거의 없다. 권세에 초연(超然)할 자는 아무도 없고, 권세에 몸을 잘못 담갔다가 몸을 버리지 않는 자는 없다. 백성을 위해 일을 하는 자는 수구초심(首丘初心)의 초심을 굽혀서는 안 된다.

권력욕은 누구에게나 있고, 권력의 미혹은 마약의 독아(毒牙)보다도 더 무섭다. 아무리 마음을 깨끗하게 유지하고, 권력에 미혹당하지 않게 경계의 울타리를 쳐도 아무 소용이 없다.

한 번 권좌(權座)에 맛을 들이면, 영원히 그 자리를 누리고자 한다. 이 세상의 자리 중에 영원히 누릴 자리는 없다. 성곽보다 더 튼튼해 보이는 자리도, 별안간(瞥眼間)에 사라지는 초로(草露)와도 같다.

갑질이란 힘이 센 자들이 부리는 횡포이고, 자리가 높은 자들이 부리는 행패다. 자기 가방을 들라고도 하고, 자기의 신을 신기라고도 한다. 웃옷을 벗기고 웃옷을 입히라고도 한다. 자판기에서 커피를 뽑아오라고도 하고, 물도 뽑아오라고 한다. 막말을 다반사(茶飯事)로 하고, 필요하면 폭력을 휘두르기도 한다. 마치 자기의 하수인인 양 노예처럼 부려먹는다.

아무리 높은 사람이라 해도 자기가 해야 할 일은 자기가 해야 한다. 그래야 존경을 받고 영(令)이 선다. 존경을 받고자 하면 먼저 겸손하라(欲尊先謙)하였다. 서로가 지켜야 할 금도(禁度)가 있다. 수용의 한계를 넘어서면 금도가 무너진다. 우리 인간은 누구나 인간으로서의 바른 대접을 받고자 한다. 그것이 곧 인권이고, 인권이 부당하게 침해받아서는 안 된다. 권력이 있다 하여 갑질을 함부로 해서는 안 된다. 지금의 갑이 영원한 갑이 되는 것은 아니다. 오늘의 갑이 내일은 을이 되고,

내일의 을은 모레는 다른 것으로 변신하여 나타난다. 늘 바르게 살고, 명쾌한 분별력으로 살아야 한다.

욕심이 지나치면 자루가 찢어진다(Covetousness bursts the bag.)는 말이 있다. 권력욕보다 무서운 것은 없다. 분별없이 함부로 행하다간 자루가 찢어지는 우를 범한다. 권력욕은 가지면 가질수록 더 오래 갖고 싶어 한다. 하늘이 높은 줄을 모르고 한없이 치솟다가, 천 길 만 길의 단애(斷崖)에 떨어진다.

욕심 속에 살되 욕심을 버릴 줄 알아야 한다. 욕심이 없는 자에게로 모든 것이 모인다.(Everything goes to him who wants nothing.) 정치가는 정치를 하는 사람이어야 한다. 정치가가 권력가가 되어서는 안 된다. 정치가가 권력에 눈이 어두워지는 순간 그에게는 이미 비극의 싹이 트고 있는 것이다.

지금까지 권력과 갑질 사이를 오가며 글을 썼다. 참 어려운 글을 썼다. 권력은 영원한 것이 아니다. 잠시 왔다가 홀연히 사라진다. 권력과 갑질은 그 속성이 비슷하다. 그래서 권력자들이 그 쾌감을 버리지 못하고 즐긴다. 누리면 누릴수록 더 누리고 싶은 것이지만, 백성들이 가만 놔두지 않는다. 옳고 그름을 판별하는 힘을 분별력이라 한다. 바른 분별력으로 권력을 휘두르든 갑질을 하든 해야 한다.

## 분발(奮發)

분발이나 발분(發憤)이나 같은 말이다. 분발이란 마음을 집중하여 열심히 일하는 것을 말한다. 우리가 성취한 모든 일들은 우리가 분발하여 이룩한 노력의 소산이다. 옛날 조상들이 누렸던 그대로에 만족하며 살았더라면, 우리가 누리고 있는 오늘날의 이런 성취는 결코 누릴 수가 없을 것이다.

오늘날 내가 이런 생활을 누리고 있는 것도 분발하여 살았기 때문이요, 자식들이 지금의 생활을 누리고 있는 것도 그들이 분발하여 살고 있기 때문이다.

사람은 누구나 분발심을 가지고 있다. 남에게 뒤처지면 분(憤)한 마음이 생기고, 그때마다 주먹을 불끈 쥐고 새로운 결심을 한다. 그런 분한 마음이 곧 분발하고자 하는 마음이요, 그런 마음이 곧 그를 다른 사람으로 크게 변모시킨다.

발분망식(發憤忘食)이라는 말이 있다. 한 번 마음을 먹으면 밥 먹는 것도 잊어버리고 덤빈다 하여 하는 말이다. 즐거움에 빠지면 근심도 잊는다는 말로 낙이망우(樂易忘憂)라는 말이 있다. 일이 즐거우면 근심도 잊고 그 일에 전념한다. 마음속에 큰 결심이 서면 분투노력(奮鬪努力)하는 마음이 생긴다. 할 수 있다는 결심이 없이는 아무 일도 이루지 못

한다. 그렇게 열심히 살다 보면 세월이 흐르는 줄도 모르고 늙는 줄도 모른다.(不知老之將至)

요즈음에 젊은 학생들을 보면 무섭게 공부한다. 불철주야(不撤晝夜) 발분망식으로 공부한다. 그들은 나라의 큰 동량(棟樑)이요, 미래의 든든한 버팀목이다. 그들 때문에 나라의 앞날은 밝다.

공자가 쓴 논어(論語)라는 책에 나오는 이야기를 해야겠다.

"초(楚)나라의 어떤 현인(賢人)이 공자의 제자인 자로(子路)에게, 공자란 어떤 사람이냐고 물었지만 아무 대답도 하지 않았다. 그 얘기를 듣고 있던 공자가 자로에게 이렇게 말했다. 공자가 어떤 사람이냐고 물었을 때, 너는 왜 이렇게 대답하지 않았느냐. 공자란 사람은 마음속에 한 번 분발심을 가지면, 밥 먹는 것도 잊어버리고 전심전력(全心全力)하는 사람이다. 인생에게 어려운 일도 많지만 진리를 깨달으면 즐거움이 넘쳐서 모든 근심을 다 잊어버린다. 정진 노력(精進努力)하다 보면 나이가 들어 늙는 것도 다 잊어버린다. 공자가 그런 인물이라고 말했더라면 좋았을 뻔했다."라고 말했다.

기실 알고 보니 자기의 인물평이다. 공자는 굉장한 열정을 가지고 산 사람이다. 중국의 고전에 사서삼경이라는 것이 있다. 사서란 논어(論語), 맹자(孟子), 중용(中庸), 대학(大學)을 말하고, 삼경이란 시경(詩經), 서경(書經), 역경(易經)을 말한다. 공자는 이 중에서 역경을 가장 좋아했다. 어찌나 좋아했던지 가죽끈으로 맨 책을 3번이나 끊어지도록 읽었다는 기록이 있다. 이를 위편삼절(韋編三絶)이라고 한다.

그는 한 번 마음을 먹으면 그 일이 끝날 때까지 발분망식하는 열정이 있었다. 그런 열정과 분발심이 그를 세인이 추앙하는 위대한 인물이 되게 했다.

사서삼경은 중국인에게는 필독서로 읽히는 고전이다. 나이라도 젊으면 완독(完讀)해 보고 싶은 생각이 크지만 이제는 다 틀렸다. 나의 천학비재(淺學菲才)를 새삼 느끼고 학문의 심오함에 놀라지 않을 수 없다.

모든 큰 일은 악바리들이 해낸다. 악바리가 아니면 어림도 없다. 운동선수들이 자기의 기록을 1초 앞당기는데 얼마나 피나는 노력을 하는지 모른다. 농부들이 한 톨의 쌀을 생산해 내는 데 88번의 손질이 간다고 한다. 공장에서 일하는 노동자들의 분골쇄신(粉骨碎身)이 아니었으면 오늘의 수출대국이 가능했겠는가. 우리의 주변이 날로 높아지니 우리도 높아져야 한다.

분골쇄신하는 자만이 살아남는 세상이 되었다. 여름의 날씨도 날로 무더워지고 겨울의 날씨도 날로 추워진다. 독종이 아니면 살아남을 수 없는 세상이 되었다.

건설 역군들의 피와 땀으로 오늘의 풍요를 누리게 되었다. 분발심이 없으면 영원한 나락(奈落)에 떨어진다. 가정이 어려울 때는 온 가족이 분발해야 하고, 학생이 공부에 뒤처지면 더욱 분발해야 한다. 빈곤에 시달리면 허리띠를 졸라매야 하고, 장사가 안 되면 남보다 먼저 일어나 뛰어야 한다. 말년 대비를 위해서는 쓰임새를 줄여서 살고, 건강이 부실하면, 일찍 일어나 운동장으로 나가 트랙을 돌아야 한다.

나라가 어려울 때는 온 국민이 단합해야 하고, 정의가 부정에 밀릴 때는 부정에 맞서 분연(奮然)히 일어서야 한다. 진실이 거짓에 밀릴 때는 한 길 진실한 마음으로 살기를 결심해야 한다.

무슨 일이 잘 안될 때는 마음에 분한 마음을 가져야 한다. 더 잘하고 싶으면 발분망식으로 분투노력해야 한다. 우리의 생활전선은 늘 절박하다. 혹서(酷暑)와 싸워야 하고 혹한과 싸워야 한다. 호구지책(糊口之策)에 궁한 사람들에겐 하루하루는 피나는 전쟁이다. 그들에겐 한서(寒暑)의 구별이 없고 어디든 못 가는 데가 없다. 가족을 위하는 일이라면 못할 일이 없고 모든 것을 걸고 싸운다.

자자불권(孜孜不倦)이라는 말이 있다. 부지런하고 나태하지 말아야 한다는 뜻이다. 부지런한 자에게는 아무리 어려운 길도 저절로 트여 열린다.

분발하면 열중하게 되고, 열중하면 발분망식을 한다. 하는 일이 즐거우면 근심이 없어지고 늙는 것도 미처 알지 못한다.(發憤忘食 發憤忘憂 不知老之將至)

눈 깜박할 사이를 별안간(瞥眼間)이라 한다. 참 별안간이다. 별안간에 그렇게 많은 세월이 흘렀다. 세월 따라 살다 보니 늙는 줄도 모르고 살았다. 이 나이에 발분망식이야 어찌 하겠는가만, 그래도 숨을 거두는 순간까지는 열심히 살다가 가야 한다. 여생(餘生)이 얼마인지는 몰라도, 할 만한 일이 있으면 하다가 가야 한다. 힘이 부친다 하여 취생몽사(醉生夢死)를 일삼아서는 안 된다.

## 축간사(祝刊辭) _친구의 자서전 출간

이 계선(李啓善) 친우는 성품도 좋으려니와 한 번 믿음을 주면 끝까지 그 믿음을 지키는 사람이다. 요즘 같은 세상에 그런 사람이 어디 있겠는가만, 많은 세월의 흐름에도 나와 그 사람은 변함없는 우정을 유지하며 사니, 이는 전적으로 그 사람의 사람됨이 훌륭하여 그런 것이다.

사람이란 서로 떨어져 살면 그사이가 날로 소원(疏遠)해지지만(去者日以疎) 시간이 흐를수록 그 세(勢)와 깊이를 더하여 사귀니 참 보기 드문 우정이다. 향리(鄕里)의 한 고등학교에서 만나 오늘에 이르기까지 그 우정을 유지하며 사니 금란지교(金蘭之交)라 함이 이런 것을 일러 하는 말일 것이다.

양가 어르신들이 정해준 대로 배필을 맞아 지금까지 잘살고 있으니, 그야말로 천생연분이요 천정배필의 결합이라 할 것이다. 부모의 뜻에 따라 잘 순응하며 살면 모든 일이 잘 되고 자손만대가 번영을 누리며 잘살게 될 것이다.

아들만 넷을 내리 뽑아 세상에 내놓았으니, 이들 모두가 그 아비의 그 아들들이라, 부모에게 효도하고 형우제공(兄友弟恭)으로 가화(家和)를 이루어 사니 만인이 부러워하는 함평이씨 가문(咸平李氏家門)의 빛나는 후대가 될 것이다.

그의 혼례식은 처가의 마당에서 치러진 전통 혼례식이었고, 내가 우인 대표로 참여하여 축사를 했지만 무슨 말을 했는지는 기억이 나지 않는다. 그러나 아들딸 많이 낳아 해로동락(偕老同樂) 하라는 말은 꼭 했을 것 같다. 부부간의 금실이 너무 좋았던지, 아니면 딸 낳는 기술이 없어서인지 이 집에는 딸이라고는 없다. 그러나 네 며느리들이 딸 못지않게 시부모에게 잘하며 사니, 이만하면 됐지 더 무엇을 바라겠는가? 그때 내가 행한 축사를 이 서책에까지 올려 그때의 기억을 상기케 하지만 젊었을 때 쓴 글이라 지금 읽으면 구상유취(口尙乳臭)를 느끼게 한다.

계선 친우는 체구는 단구(短軀)이지만 야무지기 그지없고, 일을 시작했다 하면 불광불급(不狂不及)의 자세로 덤비어 그 일을 완성한다. 일에 임해서는 그 처리 과정이 어찌나 주밀(周密)하고 꼼꼼하던지(臨事周詳) 그 일솜씨를 보고, 혀를 내두르지 않는 사람이 없다.

그는 다른 사람이 본받아 행하기가 어려울 정도의 입지전적(立志傳的)인 인물이다. 그 당시 사정의 어려움에도 광주시청(光州市廳) 도시개발 공사의 감사직까지 승진하여 그의 예봉(銳鋒)을 휘둘렀고, 전남대학교 행정대학원과 유교대학의 전 과정을 이수했다. 퇴직 후로는 종중사(宗中事)에 매달려, 그의 모년(暮年)을 다 바쳤으니, 쇳덩어리라도 녹아나지 않을 수가 없었을 것이다. 게다가 이처럼 방대한(1047페이지) 자서전까지 출간하게 되었으니 그의 집념과 의지가 얼마나 큰 것이었는가를 알 수 있다.

그의 나이 희수(喜壽=77세)인지라 올 것이 올 나이가 되었다. 척추와 고관절에 이상이 있어 좀 불편하기는 해도, "하늘은 바른 일을 하는 자에겐 꼭 길을 비켜준다."라고 하였다. 그간 일에 묻혀 죽지 않고 산 것에 감사하고, 몸의 고장 난 부위만 조금 때워 살면 망백(望百)의 기쁨까지도 누릴 수 있을 것이다.

세월은 유장(悠長)하나 인생은 유한(有限)하여 영원히 살 자는 없다. 오래 살지 못함을 탄(歎)할 것이 아니요, 열심히 살지 못함을 탄할 일이다. 세상의 질서에 따라 부끄럼 없이 살았으니 먼 훗날까지 후손과 만인의 가슴속에 길이 남아 빛날 것이다.

이 시대의 모순이나 잘못은 불행한 가정에서 오고, 갈등과 반목 또한 불행한 가정에서 온다 하였다. 무릇 가르치되 효를 가르치라 하였고, 살아생전에 효의 본을 세워 잘 살았으니, 뒤에 남은 후대들에게 큰 수범이 되었다 할 것이다.

진실한 마음으로 구하며 살면(心誠求之), 비록 중심에는 이르지 못한다 해도(雖不中), 그 중심에서 멀리 떨어지지 않는다 하였다. 계선 친우야말로 늘 진실한 마음으로 구하며 산지라 그 중심에서 멀리 벗어난 적이 없었다.

사람을 평가하되 지금 하지 말라 하였다. 그간 잘못하여 지금껏 해놓은 일을 다 까먹을 수도 있기 때문이다. 그래서 사람을 평가하려거든 죽기 바로 전이나 죽은 후에 하라 하였다. 아무리 잘산다 해도 그 친구처럼 살기가 힘들다. 평생을 좌고우면(左顧右眄)하지 않고 살았고, 앞으로 수백 년을 산다 해도 조금의 흐트러짐 없이 살 사람이기 때문이다.

늘 학문에 정진하는지라 아는 것이 남보다 많고, 승진 시험에서는 늘 1위를 차지하는 발군(拔群)의 실력을 발휘하였다. 이처럼 좋은 책을 쓸 수 있었던 것이나, 종중사(宗中事)같은 어려운 일을 행할 수 있었던 것도 그의 높은 학식과 식견 때문이다. 사서삼경(四書三經)을 비롯하여 그 외의 어려운 한문 서적들을 다 섭렵(涉獵)한 탓인지, 입만 열면 그의 입에서는 한문 글귀가 튀어나와 주위 사람들을 놀라게 한다.

그는 참 부지런하고 정직한 사람이다. 나태(懶怠)는 만악의 근본이라 하여 나태를 경계케 하지만, 이 친구는 어찌나 부지런하고 바르게 살던지 그의 마음속에는 악이 스며들 여지가 없다. 늘 마음이 선하고 인품이 돈후(敦厚)한지라 그의 옆에 앉아만 있어도 그의 훈향(薰香)에 취한다.

복산장학회(福山奬學會)를 설립한 것도 후대를 잘 가르쳐 나라의 큰 동량(棟樑)으로 키우고자 함이다. 1년을 번영코자 하면 곡식을 심고(一年之計莫如樹穀), 10년을 번영코자 하면 나무를 심고(十年之計莫如樹木), 100년을 번영코자 하면 사람을 키우라(百年之計莫如樹人)는 옛 성현의 가르침을 그대로 가르치며 산 사람이다.

노년은 고통이요 축복이 아니라고 하지만, 이 친구처럼 잘 성취하고 가면, 이 세상에 와서 살다가는 보람이 크고, 노년이 되레 고통이 아니요 큰 기쁨과 축복이 될 것이다. 그의 인생 여정은 고달프기는 했어도 이 서책에 여과(濾過) 없이 다 수록되어 있어서 참 보기 드문 자서전이요, 천추에 빛날 기록서이기도 하다. 세상을 바르게 살고 가정운위(家庭運爲)를 바르게 하고자 하는 자는 꼭 한 번 읽어보아 인생교서(人生教書)로 삼으면 빛나는 인생도정(人生道程)이 될 것이다.

지역 주민들이 그의 공적을 기리어 촌전(村前)에 세워 준 비석의 마지막 글귀처럼 공수래 공수거(空手來空手去)의 본을 세우고 가니, "이제는 버리고 갈 것만 남아서 참 홀가분하다."라는 어느 문인의 글귀가 새삼스럽게 느껴질 것이다.

이 자서전의 출간을 진심으로 축하하며, 이 옥고(玉稿)가 그의 후손들과 만인의 가슴속에 영원히 살아 숨쉬는 생의 길잡이가 되기를 간절히 기원한다.

2011년 4월 10일

丁 永 培 謹書

## 줄탁동시(啐啄同時)

줄탁동시란 어미닭과 계란 속의 병아리 사이에서 일어나는 일을 나타내는 말이다. 어미닭이 계란을 20일 정도 품어주면, 병아리는 알을 깨고 밖으로 나올 준비를 한다.

병아리가 안에서 찌꺼리기(啐=줄) 시작하면, 어미닭은 그 소리를 듣고 밖에서 주둥이로 껍질을 쪼아(啄=탁) 병아리의 탄생을 성사시킨다. 그 일이 껍질 안팎에서 동시에 이루어진다고 하여 이를 줄탁동시라고 한다.

계란의 안과 밖은 한 겹의 껍질로 구분되어 있지만, 그들에겐 엄청나게 두꺼운 벽과 같은 것이어서, 양쪽의 교감이 잘 이루어지지 않으면 일은 허사가 된다. 때가 차기를 기다렸다가 양쪽이 힘을 합쳐 그 일을 성사시킨다. 한낱 미물에 지나지 않지만 어미닭과 병아리가 하는 일 치고는 너무 신비스럽고 감동적이라 할만큼 위대하다.

자연 속에서 서식하는 모든 생물들은 각자의 특이한 방법으로 증식하여 그들의 생명체를 계속 이어간다, 모두가 다 신비스럽고 경이적이라 할만하다. 모든 개체들이 생명을 얻어 이 세상에 나와 살면서 생로병사(生老病死)의 과정을 거쳐 살다가 간다. 살아있는 자가 영원히 살고 죽는 자가 전혀 없으면, 이 세상은 산자들로 가득차서 아비규환(阿

鼻叫喚)의 생지옥이 될 것이다. 그러나 시시각각으로 새 생명이 태어나고, 그들이 살다가 죽고 그렇게 해서 생명순환의 길은 계속 이어진다.

그런데 어느 대학병원의 정원 한쪽에 '啐啄同時'라는 한문 글귀가 비석에 새겨져 있었다. 병원과 줄탁동시라는 그 말은 무슨 상관관계가 있는 것일까. 분명 그곳에 드나드는 사람들의 눈길을 끌고자 함이었을 것이다.

병원에는 의사가 있고 환자가 있으며, 새 생명을 얻어 새로이 탄생하는 어린 생명들이 있고, 병마와 싸우며 소생의 희망이 트며 살려고 발버둥치는 사람들도 있다.

의사가 생명에 대한 존엄성이 강하고, 환자 또한 살아야겠다는 의지가 강할 때, 소생의 의욕은 정점(頂点)에 이른다. 의사와 환자가 합일된 의욕으로, 꼭 살리고 꼭 살아야겠다는 줄탁동시가 이루어질 때, 환자는 다시 살아나 재생의 영광을 얻는다.

줄탁동시라는 이 비석이 각 가정이나 학교 교정에 세워져도 좋을 것이다. 가정에는 부모와 자식들이 있고, 잘 키우려고 하는 부모의 뜻과 이에 순응하여 바르게 자랄려고 하는 자식들의 뜻이 하나로 결합될 때 그 가정은 좋은 가정이 된다. 학교에서도 스승과 제자가 서로 만나 서로의 뜻이 융합적으로 결합될 때, 학교 교육은 명(名)과 실(實)이 상부하는 좋은 교육이 된다.

청출어람(靑出於藍)이라는 말이 있다. 청색에서 남(藍)색이 나온다는 뜻이다 그러나 청색에서 남색이 나올 수가 없다. 왜냐하면 남색이 청색보다 훨씬 더 진하기 때문이다. 옅은 청색에서 짙은 남색이 나올 수가 없지만, 자식은 부모보다 훨씬 더 짙은 색이 되어 나오고, 제자 또한 스승보다 훨씬 더 짙은 색이 되어 나온다, 이런 일은 부모와 스승 그리고 자식과 제자 간의 분골쇄신(粉骨碎身)의 노력을 통해서만이 이루어진다.

부모가 좋은 본을 세워 자식들을 잘 가르치고, 자식들 또한 부모의 뜻에 따라 잘 순응하며 살 때, 줄탁동시의 본은 잘 세워진다, 가정의 구성원들이 서로 개성이 다르지만 서로 사랑하고 존경하며 살면, 좋은 조화를 이루어 살지만(和而不同), 겉으로는 잘 어울릴 것 같이 보여도 서로 어울리지 못하고 불화하여 살면(同而不和), 가정보다 살기 힘든 곳도 없을 것이다.

이 세상이 잘 운영되는 데는 조화보다 더 중요한 것은 없다. 조화가 깨지면 모든 것은 분열과 불안정에 빠진다, 겨울 다음에 따듯한 봄이 오고, 봄 다음에 여름이, 여름 다음에 가을이 온다. 서로 맞물려 이어지는 조화 때문에 사철의 변화를 즐기며 산다. 연중 춥기만 해도 안 되고, 연중 서늘하기만 해도 서늘함이 좋은 줄을 모른다.

줄탁동시보다 더 신비스러운 조화는 없다. 어미닭과 병아리가 서로 다른 길을 택하면 상생의 축복은 없고, 그들이 서로 다른 길에 들어서면 생명을 잃는다. 생명의 탄생보다 더 위대한 탄생은 없다, 어머니가 아이를 탄생시키기 위해서는 자기의 생명을 무릅써야 한다. 스승이 자기보다 더 나은 제자를 탄생시키기 위해서는 노심초사(勞心焦思) 멸사(滅私)의 노력을 기울여야한다. 한 생명을 각오해야 다른 생명이 탄생된다. 줄탁동시의 신비로운 조화가 없이는 새로운 생명의 탄생은 결코 이루어지지 않는다.

인간의 탄생만이 위대한 것이 아니다. 모든 생명체의 탄생은 위대하다. 지렁이는 지렁이와 짝하여 오고, 범은 범과 짝하여 이 세상에 온다. 꽃과 벌이 짝하여 열매를 맺고, 모든 생명체는 암수가 짝하여 생명체가 되어 나온다. 모든 생명체의 탄생은 고통의 소산이다. 고통없이 오는 탄생은 없다. 생명체의 탄생은 무한한 기쁨이지만, 가장 큰 기쁨은 가장 큰 산고(産苦)를 통해서 온다.

전남대학교 여수캠퍼스가 고고지성(呱呱之聲)을 떨치고 세상에 나온지 100년이 되었다. 금년(2017)이 학교 탄생의 100주년이 되는 해이다. 설립자와 지역민의 간절한 염원이 하나가 되어 여수캠퍼스의 위대한 모체로 탄생하였다. 안에서 지꺼리고 밖에서 쪼는 위대한 탄생이 이루어지고, 해마다 새로운 탄생을 거듭하며 오늘에 이르렀다. 100년의 모진 성상(星霜)에도 끄덕도 하지 않고, 오늘의 상아의 대탑을 건설했다. 그간 배출된 동량(棟樑)들이 지구촌 곳곳을 누비며 세상을 빛내는 동력이 되고 있다.

전남대학교 여수캠퍼스 줄탁동시 100년의 대장정을 축하하고, 앞으로 세계사의 주역으로 세계 속에 우뚝 서는 빛나는 학교발전이 이루어지기를 기원하며 이만 줄인다.(기고문)

# 끝으로 몇 마디 더

어느 지인은 지난번에 낸 책이 2만여 권이나 된다고 했고, 어느 이름 있는 분은 자기가 낸 책이 베스트셀러가 되어 60여만 권이나 된다고 했다. 나에게는 기상천외(奇想天外)의 꿈같은 이야기여서 언급하기조차 부끄럽다.

내가 부질없는 욕심을 부려 그분들의 흉내를 냈더라면 지금쯤은 쪽박을 차는 신세가 되었을 것이다. 뱁새는 뱁새의 걸음을 걸어야하고, 황새는 황새의 걸음을 걸어야 한다. 뱁새가 황새의 걸음을 걷다간 가랑이가 째지는 우(遇)를 범하게 될 것이다. 그러나 그간 내 분수를 잘 지키며 산지라 지금은 마음이 참 편하여 좋다.

내가 책을 내는 것은 한목을 챙기고자 함이 결코 아니다. 고작 70~100권 정도를 내서 친구들이나 지인들에게 나누어주며 읽게 한다. 다른 분들의 것에 비하면 조족지혈(鳥足之血)에 지나지 않지만, 그 일도 평생을 통해서 했으니 내가 한 일 치고는 참 잘한 일이라는 생각이 든다.

은혜를 베풀되 보응을 바라지 말라 하였다.(施恩勿求報) 지금까지 내가 행한 일이 시은(施恩)이라고는 결코 생각하지 않는다. 그저 하고 싶어서 했을 뿐이고, 아주 즐거운 마음으로 했다. 내가 이 세상에 와서 한일이라고는 아무것도 없지만 이렇게라도 하고 가니 마음이 덜 서운하다.

모든 일은 시작할 때가 있고 끝날 때가 있다. 나에게도 끝이 다가오고 있다는 생각을 하니 조금은 긴장이 된다. 그러나 이 자연의 섭리에 거슬러 살 자는 아무도 없다, 마지막 순간까지 움츠리지 않고, 결연(決然)한 마음으로 사는 것이 끝을 잘 맞이할 수 있는 길이라 믿는다.

루마니아의 작가 게오르규가 '二十五時'라는 소설을 썼다. 이 소설에서 25시는 절망이나 잃어버린 시간을 나타낸다. 남은 여생이 25시의 절망의 시간이 아니고, 24시안의 빛나는 시간이 되기를 기원한다.

며칠 전에 집사람이 모자를 또 사왔다. 내 머리는 세월의 여적(餘跡)이 완연하여 황량(荒涼)하기 이를 데 없다. 나의 이런 사정을 잘 알고 있는지라, 이번에는 더 따뜻한 것으로 사왔다. 귀, 입, 목까지를 단번에 덮어주는 일거다득(一擧多得)의 것으로 사왔다. 나 혼자의 힘으로 사는 줄 알았더니 나를 받쳐주는 따뜻한 힘이 있는 줄은 미처 몰랐다. 영감이 얼어 죽을까봐 노심초사(勞心焦思) 걱정을 하였던 것 같다. 하도 고마워서 이 책의 맨 앞 페이지에 칼라사진 한 장으로 선심을 썼다. 참 좋아하는 것 같았다.

아들, 며느리들이 내려와 집 안의 낡은 것들은 다 바꾸어놓고 갔다. 사람이 낡은지라 집안의 모든 것이 다 낡았다. 올 때마다 집 안 곳곳을 뒤져 낡은 것은 다 바꾸어 놓고 갔다. 지금은 새 것으로 차있는 새 집이 된지라 새 부자가 된 것 같은 느낌이 든다. 세월이 이렇게 좋은지라 세월의 끝까지 살다 갔으면 하지만, 세월은 유장(悠長) 하고 인생은 유한(有限)하지 않던가.

그간 손자, 손녀, 아들, 며느리들과 서로 사랑하며 잘 살았다. 가족 모두가 하나가 되어 살았으니 이보다 더 잘한 일이 없다. 기쁨과 감사의 누흔(淚痕)이 눈가를 적신다. 가정의 소중함을 알고 살았으니 이보다 더 잘한 일은 없다. 가정의 소중함을 모르고 가족에게 함부로 하는 자 중에 잘된 자는 하나도 없다. 가정은 실패해서는 안 되고 꼭 성공해야 한다.

내가 원하는 바를 다 채우려고 해서는 안 된다. 조금 못 채우더라도 만족하며 살아야한다.(志不可滿)

**心誠求之**
심 성 구 지

**雖不中**
수 부 중

**不遠矣**
불 원 의

진실한 마음으로 구하면
비록 중심에는 이르지 못한다 해도
그 중심에서 결코 멀어지지는 않는다.

■ 저자소개

## 정영배(丁永培)

여수시 미평동 선경아파트 308동 901호
Tel. 061-653-8410

### 약력

전남대학교 영어영문학과 졸
동대학원 졸
전 여수대학교 영어영문학과 교수
미국 브리감영대학교 연구교수
전 한국 영어영문학회 회원
여수대학교 교무처장 역임
학생처장 역임
학생생활지도 연구소장 역임
도서관장 역임
人間時代 학술 및 편집고문
文藝思潮 수필부문 신인상 수상
文藝思潮 문인협회 회원
한국문인협회 회원

### 번역물

놋활 (The Bronze Bow)
붉은 조랑말 (The Red Pony)

### 수필집

晩秋閑想
아침이 오는 소리
인생 연가(人生戀歌)
회오(悔悟)의 향기
사랑의 현자(賢者)들
삶 속에 흐르는 행복의 메아리
바르게 산 자들이 누리는 幸福
향기 그윽한 인생 모년(暮年)
한 우공(遇公)이 전하는 세상 사는 이야기
여수지부 45년 사(황원(荒原)에서 피워 올린 아름다운 꽃)
삶 속에 흐르는 생명의 소리
눈 속에 봄을 기다리며

눈 속에 봄을 기다리며

**인쇄 |** 2018년 5월 15일
**발행 |** 2018년 5월 21일

**저자 |** 정영배
**발행인 |** 정병석
**발행처 |** 전남대학교출판문화원

**등록 |** 1981. 5. 21. 제53호
**주소 |** 61186 광주광역시 북구 용봉로 77
**전화 |** (062) 530-0571~2
**마케팅부 |** (062) 530-0573
**팩스 |** (062) 530-0579
**홈페이지 |** http://www.cnup.co.kr

값 12,000원

ISBN 978-89-6849-500-7 (03810)

이 도서의 국립중앙도서관 출판예정도서목록(CIP)은
서지정보유통지원시스템 홈페이지(http://seoji.nl.go.kr)와
국가자료공동목록시스템(http://www.nl.go.kr/kolisnet)에서 이용하실 수 있습니다.
(CIP제어번호 : CIP2018014970)